鉄分多め。

鈴川絢子

関東編

2
大原方面
のりば
For ŌHARA

ワンマン 大原

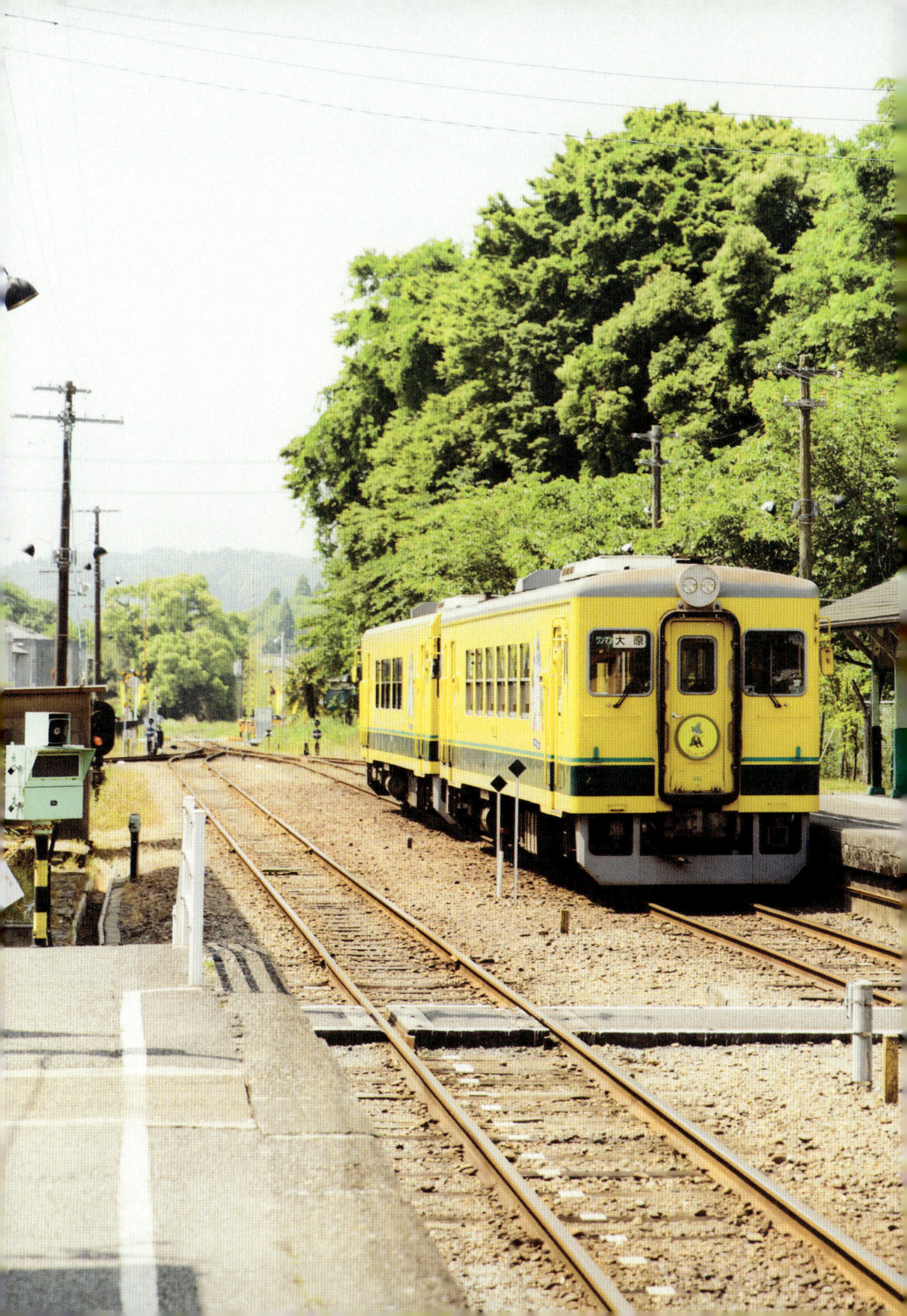

もくじ

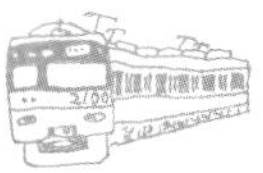

鉄分多め。

はじめに

　鉄分、それは血液の波にのって、全身を駆け巡る生きてゆくのに必要不可欠な存在。わたしにとって鉄道は、まさに〝鉄分〟そのものなのです。

　鉄道に興味をもって以来、日本全国いろいろな鉄道と触れあってきました。誰もいないホームで3時間列車を待ち続けた秘境駅、個性あふれるご当地の交通系ICカード、日本最北端の駅で食べる駅弁、そして地元の馴染みある車両との悲しいお別れ。駅・車両・切符・駅弁・沿線の人々……。さまざまな要素が日々、「鉄道」を作りあげています。その一つひとつを感じながら旅をすると、きっとまた違った景色が広がるはず。

　あなたも、この本で自分の中にある鉄分、感じてみませんか？

見習い運転士さんを見守る指導運転士さんの後ろ姿が、頼もしくてすてきです。

新田野駅で前方の窓にかぶりつくと、一直線の線路。周囲には草花がさわ

出発であり終点の大原駅は1番線と2番線が隣り合わせ。1両列車が収まるかわいいホーム。

2
THE NORTH FACE
Berkeley, Calif. USA

いすみ鉄道

単線に乗って、メルヘン探訪。

窓から手や顔を出さないで下さい。
Don't put your hand or head out of the window.

Boarding Vouchers
整理券

上．列車内の窓にはムーミンの家族と仲間が。下．昔懐かしい整理券。下車までなくさないように。

大原駅改札前には、菜の花色のベンチ。列車の到着を待つ間、ここでひと息入れましょうか。

小さなころからよく家族で大多喜へ遊びにきていたこともあり、わたしといすみ鉄道との出会いは、かなり前。母に帰りを急かされながら、何時間も列車が通るのを見ていたことも。だからか、ＴＶや雑誌でいすみ鉄道を見かけると、誇らしい気持ちになるのです。

ほのぼの走る黄色い列車に混じり、活躍するのは赤い列車。かつて全国各地で走っていた、年配の方なら一度は乗ったことのある車両で、今も現役なのは珍しいこと。その動く姿をひと目見ようと訪れる人のなかには、旧友のような列車との思い出を懐かしみに来る鉄道ファン以外の姿も。

沿線には、すばらしい風景や出会いがたくさん。凛と立ち続ける腕木式信号機、背伸びしても果てが見えない真っすぐな線路、砂糖菓子のような色の駅のベンチなど。大切にするべきものを、見つけた気がします。

味のある看板の出迎えがうれしくて、記念撮影。今日は1日、よろしくお願いします！

大原駅

1912年12月に県営人車軌道線として大原〜大多喜間を結んだことがはじまり。他路線との接続駅であり学校もあることから、乗降の多い駅です。

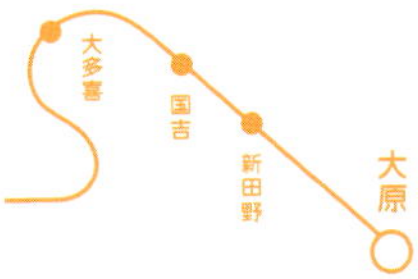

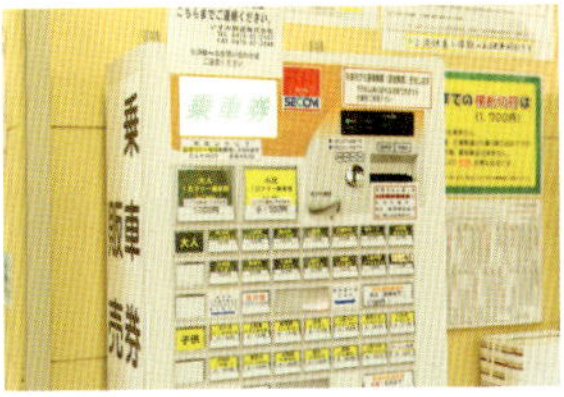

旅のはじまりに気分が高まり、シャッターを押す回数も多め。乗る前に、まずはボディから。

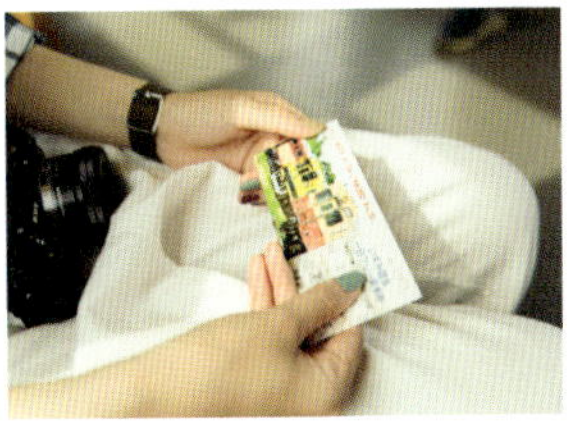

1日フリー乗車券

利用は切符のみ。お得な1日フリー乗車券（1000円）で乗り込みます。絵柄の選べるタイプは、デンタルサポート大多喜駅の窓口で購入可能。

ゴトゴト賑やかな音を響かせて、次の目的地に到着。整理券と切符を運転士さんに見せて降ります。

デンタルサポート大多喜駅

沿線唯一の有人駅。公式ショップも併設し、グッズや企画乗車券も販売。

のぼり（大原）方面ホームには車両基地。メンテナンスの様子を覗き見。

沿線の中でも見どころの多い大多喜の町。次の乗り換えまで、ぐるりと外を見て歩くことに。

渡辺家住宅●千葉県夷隅郡大多喜町久保126 ☎ 0470-80-1146（観光本陣）

1849年建造の重要文化財。藩の御用達をつとめた商家で、今も大通りを堂々と見守ります。

自転車を漕ぎ、駅周辺をパトロール。大原方面にある小さな踏切を渡ると、線路と並走できる道が。

観光本陣●千葉県夷隅郡大多喜町大多喜270-1 ☎0470-80-1146 / 9時〜17時 / 12月29日〜1月3日休

駅からすぐの観光拠点。地元の名物が並びます。1日300円で自転車もレンタルでき、1日フリー乗車券があれば100円引きに。

路線のあちこちでムーミンのスタンプラリーを
展開。見つけては、ペタリ。全部集まるかな？

臨時列車〈キハ 52〉〈キハ
28〉の停車位置を発見！
土日祝日に運行するそう。

大原方面、のぼりホーム
にある待合室は、空みた
いな水色の木造建て。

到着を待つ間、駅の目の前にある観光本陣で
購入したアイスクリームをいただきます。

くだりホーム側には、か
つて全国で走っていた赤
い列車の姿がありました。

大多喜の牛乳を使い作ら
れた、れんげの里のアイ
スクリーム（270円）。

風そよぐ谷
国吉駅

1930年4月に誕生し、2009年に「風そよぐ谷」という表記を追記。のぼりとくだりの行き違いポイントです。

2両が行き交う姿が見られる場所。下車したら、ホームでカメラをかまえて待ちましょう。

駅のムーミンショップ、VALLEY WINDSで昔懐かしい瓶ジュースとお土産を買って、ご機嫌。

上.国吉神社の御神徳は家内安全・厄除け・八方除など。下.国吉神社の隣にある上総出雲大社にもご挨拶。

駅の目の前で町の地図を発見！ 歩いて10分ぐらいの場所には出雲大社の分社があるみたい。周辺ぶらりも鉄道旅の醍醐味です。

まずは国吉神社へ。信州の諏訪大社から勧請し建立。周辺の神々が集められ、現在は二十八柱もの神が祀られているそう。

国吉神社・上総出雲大社
●千葉県いすみ市苅谷630
☎ 0470-86-3774

県内でただひとつ、島根にある出雲大社からの分祀も祀る、地元の拠り所。

ムーミンの指人形（各240円）は、息子のちっくんも気に入ってくれるかな？

VALLEY WINDS ● いすみ鉄道国吉駅構内☎0470-82-2161/10時〜16時/無休

お土産を買うなら、ぜひここで。いすみ鉄道のオフィシャルグッズやムーミングッズがずらり。

買ったお土産

い鉄スケッチブック

文具メーカー、マルマンのものに、車両をプリント。いすみ鉄道のぬり絵つき。B6サイズ。760円。

ドロップ缶

いすみ鉄道の車両が並ぶ名刺サイズの缶に、昔懐かしいドロップ。食べた後も楽しめます。520円。

ムーミン列車ストラップ

愛らしいヘッドマークは携帯電話につければ、いつどこでも一緒。キーホルダータイプも。860円。

両面サボ・そと房＆夷隅

電車の行き先札「サボ」がグッズに。裏返して気分転換!? 片面のみのタイプもあり。1850円。

くだり側のホームにあるベンチでお昼。朝3時起きで作ったいすみ鉄道のキャラ弁をいただきます。薄焼き玉子や海苔で再現した列車と線路が崩れていなくってホッ。

SONY
α

新田野駅

１９６０年に設置。ひとつのホームにのぼりとくだりが交互に入ります。

駅周辺の真っすぐに伸びる線路は、撮り鉄の集うスポットとしても有名です。

こんな線路、都心ではお目にかかれません。背伸びもいいけど、しゃがんだ目線もパチリ。

撮影を楽しんだらホームで待機。年季の入った駅の看板は、長い間、乗客を見守ってきました。

駅から駅へ、揺られる間、
車窓を流れるのは豊かな緑。
しばし思いにふけるのに
ピッタリの時間です。

旅のはじまり、大原駅へ戻ってきました。「ようこそ」と歓迎してくれた看板の裏には「ありがとうございました」の文字。

大原駅と風そよぐ国吉駅などには、赤い列車プリントした自動販売機が。

Isumi map

いすみ鉄道MAP

畑や田んぼの横を行ったり来たり。千葉の外房を走る単線のいすみ鉄道は、鉄道で過ごす時間そのものがエンターテインメント。ムーミンをあしらった車両や味のある駅舎など、時が経つのを忘れてしまいます。

コースガイド

JR外房線と接続する大原駅を拠点に、デンタルサポート大多喜駅、風そよぐ谷 国吉駅、新田野駅という３つの駅を満喫。乗り逃しに、ご注意を。

9:14	大原駅発
9:42	デンタルサポート大多喜駅着
	観光本陣でレンタルサイクルを借りて街をぐるり
11:08	観光本陣に戻りお土産をチェックして駅へ
11:20	デンタルサポート大多喜駅発
	風そよぐ谷 国吉駅着
	歩いて国吉神社・上総出雲大社へお詣り
	駅に戻り、いすみ鉄道直営ショップVALLEY WINDSをチェック
	手作りのお弁当でお昼ごはん
13:01	風そよぐ谷 国吉駅発
13:17	大原駅着
13:46	大原駅発
14:00	新田野駅着
	撮り鉄スポット、真っすぐな線路を堪能
14:33	新田野駅発
14:46	大原駅着

※2015年7月現在のダイヤに基づいたコースタイムです。

［交通に関するお問い合わせ］
いすみ鉄道
☎0470-82-2161
9時～17時 / 無休 / www.isumirail.co.jp/

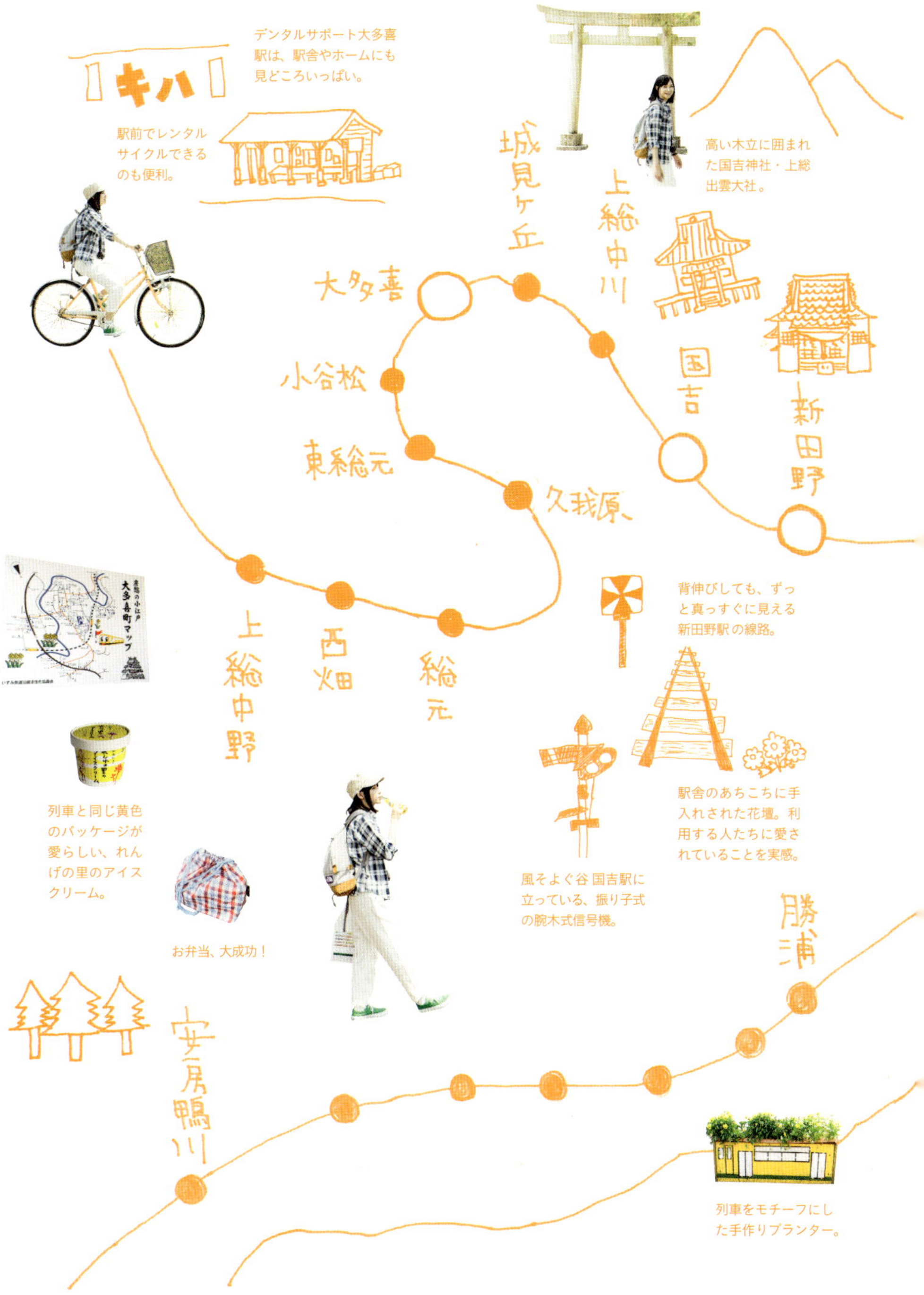

デンタルサポート大多喜駅は、駅舎やホームにも見どころいっぱい。

駅前でレンタルサイクルできるのも便利。

高い木立に囲まれた国吉神社・上総出雲大社。

背伸びしても、ずっと真っすぐに見える新田野駅の線路。

駅舎のあちこちに手入れされた花壇。利用する人たちに愛されていることを実感。

風そよぐ谷 国吉駅に立っている、振り子式の腕木式信号機。

列車と同じ黄色のパッケージが愛らしい、れんげの里のアイスクリーム。

お弁当、大成功！

列車をモチーフにした手作りプランター。

旅を心地よく楽しむ

ファッションと持ち物。

FASHION & GOODS

長時間、列車に乗ったり沿線探索をしたりする鉄道旅。ファッションと持ち物は快適なことが重要です。しかも、写真や記憶に残るので、お気に入りのものなら、もっと楽しい！　わたしの場合は、お財布を首からかけると「旅がはじまる！」と、気持ちが引き締まります。あとは両手があき、思う存分、鉄道とふれあえるバッグもマストアイテム。身も心も軽やかに思い出作りができます。

春・秋

SPRING&AUTUMN

日中はあたたかくても、朝晩は冷え込むことも。薄手の服を重ね着して体温調整。ジップアップパーカやカーディガンがあると心強い！

ジャケット
動きやすい薄手のもので重ね着。

ワンピース（スカート）
薄過ぎず厚過ぎず。気温によって靴下かタイツで調整。

スニーカー
ランニング用の軽量なタイプ。たくさん歩いても疲れにくく動きやすい。

冬

WINTER

音まで楽しみたいから、帽子は耳あてのない、あたたかいものを。暖房がきいている列車内と外の寒暖差対策に、厚手のパーカも1枚。

夏

SUMMER

強い日差しをガードする帽子はマスト。未舗装の道や階段などを歩くことも考えて、ヒールのある靴やサンダルは避けましょう。

ダウンジャケット

軽くてあたたかい、機能性を重視したアウターをチョイス。

手袋

はめたままスマートフォンやカメラが操作できるよう、指先があいているもの。

ワンピース
(スカート)

中に肌着を重ね着。膝下くらいの長めの丈が動きやすい。

ムートンブーツ

動きやすさ・脱ぎ履きのしやすさ・あたたかさの三拍子を兼ね揃えた優れもの。

カーディガン

日焼けや冷房対策に、薄手のコットン素材のものを。

トップス

袖はノースリーブ〜5分丈が便利。

パンツ

列車内は冷房がきいていることが多いので、真夏でも素足は避けます。

7つの必須アイテム

スマートフォン

SNS用の写真やセルフィーを撮ったり、時刻表を調べたり。モバイルバッテリーも携帯。

水筒

地方では自動販売機や駅の売店が見当たらないことも。保温のきくものがおすすめ。

お財布兼パスケース

お金と交通系ICカードをイン。改札をスムーズに通ることができる首かけタイプを愛用。

ポケットティッシュ

お弁当タイムや、トイレットペーパーのないお手洗い用に。水に流せるタイプが便利。

薄手のダウンジャケット

クシュクシュと小さな袋にまとまるポケッタブルタイプ。夏以外は持ち歩きます。

折りたたみ傘

長距離移動すると1日の中でも天気が変わることも。バッグに入れておくと安心です。

バッグはこの2つ

バックパック

荷物が多いときや悪天候の日など。外ポケットには、すぐ取り出したいものを入れます。

ショルダーバッグ

荷物が少ない日や近場のときは、おろさずにものが出せるバッグ。肩紐は太めが楽です。

カメラ

シャッターチャンスを逃さないよう、ストラップで首に。小さいのに、動画も撮れます。

鉄 № 0001

(Train of Thought)

鉄分との出会い

物心ついたころから、なぜか家にプラレールがありました。家族旅行もたびたびしていたので、鉄道に触れる機会も多いほう。おもちゃは好きだし、もっと珍しい列車に乗りたい。そう思ってはいましたが、ただそれは、あくまで人から与えられ、その範囲内で楽しんでいるだけだったように思います。

小さな変化が起こったのは、中学2年生のある日。たまたま出会った京急2100形のドレミファインバータ（VVVFインバータ）。鉄道が、こんなにおもしろいなんて！ なんとなく乗っていた見慣れたはずの電車が、まるで違って見えました。それでも当時は年齢、性別、お財布事情、部活……。いろいろな理由から、あと一歩が踏み込めずにいました。修学旅行に大きい一眼レフカメラを持ってきたり、同級生の間でも鉄道ファンとして有名だったクラスメイトの男の子が、少し羨ましかったことを覚えています。

高校時代は毎日、鉄道で通学。日々の細かな変化、新たな発見から、日常の中での鉄道の楽しみ方を知ってゆきました。

ひとりで淡々と鉄道を楽しむ生活がガラッと変わったのは、芸人1年目に仕事で知り合った夫との出会い。わたしより鉄道を知り、たくさんの旅をしてきた彼。全国にはまだまだすばらしい鉄道が待っているということを教えてくれました。初めて一緒に出かけたのは品川にある大井車両基地。誰かと鉄道への想いを共有し、すばらしさを語り合う。ひとりのときとは違う発見があり、次から次へと新たな興味が溢れました。

そして現在。自ら鉄分を補給しながら、かつてなかなか旅に出られなかったわたしのような鉄道ファンの皆さまに、全国の鉄道をより身近に感じてもらえるよう、足となり目となり、気になる路線や話題の車両、楽しい鉄道イベントを記録に残す日々。それをたくさんの方々と共有することも、わたしの喜びです。

鉄分急行

赤い電車のしあわせ詣で。

京浜急行電鉄

鉄道好きに磨きがかかったのは、中学2年生のとき。京急２１００形の〝歌う電車〟に受けた衝撃は、今でも忘れられません。

２１００形の一部が取り入れている、ドイツのシーメンス社製・VVVFインバータは、動作時の音が♩ファソラシドレミファソ♩と音階になるように作られています。そんなこと、本来はする必要がないのに、そうしている。鉄道に新たな魅力を創り出したシーメンス社、そしてそれを取り入れた京急に、ただただ感動。このときに感じた「鉄道のエンターテインメント性を、より多くの人に伝えたい」という思いが、今のわたしの原点でもあります。

雨の日に車輪がレールで空転することで起こる、少し切ない音。同じインバータを積んでいる新１０００形が、地下鉄駅で響かせる壮大なドレミ。耳にするだけで興奮と安らぎを同時に与えてくれる、とても不思議なミュージックです。

泉岳寺駅

1968年に開業。京急と都営地下鉄の2社が乗り入れる共同駅。

通勤客に混じり出発。普段、利用している鉄道も、旅となると特別な気分になるから不思議です。

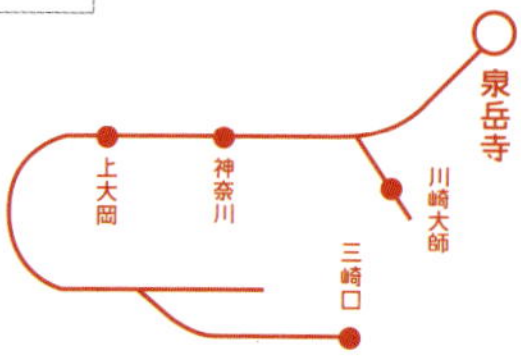

2面ある島式ホームのもう1面に、限られた本数しか運行されない黄色い列車が！朝から見られてラッキー。

次々到着する列車をひたすら眺める、贅沢な時間。

駅前には川崎大師へと続く商店街。賑やかな門構えで、参拝者をお出迎え。

抜けるような青空に映える川崎大師駅の駅舎。車両の赤と、どこか似ています。

川崎大師駅

京急はじまりの駅であり、関東最古の電車駅。1899年に開業し、1925年に川崎大師駅へ改称しました。

仲見世通りには名物のだるまをはじめ、色とりどりの店が、軒を連ねます。

松屋総本店 仲見世本店●神奈川県川崎市川崎区大師町 4-39 ☎044-277-7711 / 9時～17時（正月はのぞく）/ 無休
明治元年創業の飴専門店は、40数種類の自家製飴を製造販売。「とんとこ飴」でも知られます。

津田屋●神奈川県川崎市川崎区大師町 4-41 ☎044-288-3627 / 9時～17時（正月はのぞく）/ 無休
だるませんべいと饅頭の製造販売店。せんべいは特製の醤油を使い、1枚ずつ焼きあげます。

だるませんべい
うす焼き(10枚入り)

おいしいお米と特製の醤油を使い、1枚1枚手焼き。かわいい目鼻の姿も。550円。 問／津田屋

八角塔
(20本)

川崎大師の八角五重塔にちなんだ形の、棒付きべっこう飴。300円。 問／松屋総本店

京急HAPPYレモン飴・
京急しお飴・京急のど飴

松屋総本店と京急がコラボ。京急のショップなどで販売中。各215円 問／松屋総本店

買ったお土産

とんとこ飴さらし
(230g)

新潟産の米飴を使い伝統製法で仕上げた、風味豊かなソフト飴。500円。問／松屋総本店

お水屋で身を清めたら献香所を経由して、1964年に落慶された大本堂へお詣り。

大本堂横のお札場で心身の美を願う、しょうづか べっぴん守を授けていただきます。

西解脱門そばに祀られるしょうづかの婆さん。歯や肌、美貌アップにご利益があるそう。

川崎大師平間寺●神奈川県川崎市川崎区大師町 4-48 ☎ 044-266-3420

古くから「厄除けのお大師さま」として知られる寺。諸願成就のお護摩祈祷や交通安全祈祷なども。

仲見世通りを抜け、大山門から境内へ。奉納された立派な大提灯が下げられています。

京急発祥の地碑●神奈川県川崎市川崎区大師駅前 1-18

京急創立70周年を記念して駅前に設置された石碑の前で、川崎大師駅の小川駅長と敬礼！ 丸いオブジェは車輪を象ったもの。足元には線路を模した敷石が。

川崎大師駅の駅舎を支える柱には、古いレールを再利用。なんと1928年製のものも。

神奈川駅

相対式ホーム2面が向き合う2線の小さな駅で、普通列車のみ停車。駅を出てすぐの青木橋は撮り鉄スポットです。

青木橋●神奈川県横浜市神奈川区高島台（京急本線神奈川駅出てすぐ）

京急とJR3路線の車両が行き交う様子を上から見物できます。鉄道の顔を狙うならココ。

ホームと地上をつなぐ階段は、三角屋根付き。狭いので、譲り合って昇り降りしましょう。

神奈川駅から乗車してすぐ、かぶりついていたら青い車両にも遭遇。3色すべて見られました。

乗り込む前、車体に目をやると……新1000形のトップナンバー！乗り遅れないよう、すばやく撮影。

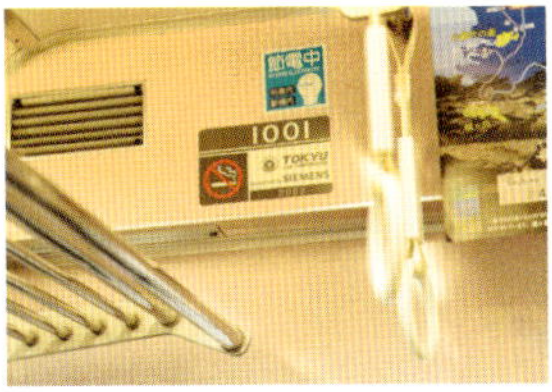

列車内にもトップナンバーの証。しかもシーメンス社が作る、ドレミファインバータの車両です。

上大岡駅

百貨店と直結する利便性の高い駅。フォークデュオ・ゆずの出身地としても有名で、駅のチャイムは彼らの曲。

レッドトレイン●神奈川県横浜市港南区上大岡西 1-6-1 京急百貨店 5 階 ☎ 045-848-1111（代表）/ 10時 ～ 20時 / 休みは百貨店に準ずる

京急をはじめ、さまざまな鉄道グッズをラインナップ。実物運転台を使ったジオラマ運転も体験できます。

買ったお土産

TRAIN WAPPEN

京急新1000形の車両をモチーフにしたワッペン。アイロンでつけられます。515円。

愛称板ステッカー

京急のヘッドマークがシールに。同じ絵柄が3～4枚ずつ入っています。324円。

上大岡駅からは快速に乗車。爽快なスピードで飛ばす運転台の後ろは特等席。

横浜駅での乗り換え時に遭遇
した2000形。少し尖った顔は、
今はあまりお目にかかれません。

レバーを握る運転士さんの姿は、
凛々しくかっこいい。運転の邪魔
をしないよう、そっと見つめます。

海辺へ近づくにつれて車内は人がまばらになり、ゆったりとしたムードが漂います。

三崎口駅

1975年に開業し、2011年に駅舎を改築。海へ向かうバスの発着口。

買ったお土産

イルカのエコたわし

アクリルの毛糸を使い、一つひとつ手編み。見るごと、使うごとに美しい自然を思い起こさせてくれます。450円。

雀家●神奈川県三浦市三崎3-6-11/12時～18時くらい(土12時～22時くらい) / 火水木金休 ※ご来店の前にFacebook(www.facebook.com/suzumeya)をご確認ください

三崎港の目の前に立つ築50年の物件をリノベーションしたカフェ＆雑貨店。ごろりと大きな具のスパイシーなカレー(ポーク950円、チキン850円ほか)は、あと引くおいしさ。

海南神社●神奈川県三浦市三崎 4-12-11 ☎046-881-3038

三浦七福神のひとつ、弁財天が祀られる神社。国指定重要無形民俗文化、ユネスコ無形文化遺産のお祭り「チャッキラコ」も開催。

古道具 ROJI●神奈川県三浦市三崎 2-12-10 ☎090-8946-7867 /11時〜18時/月休（祝祭日は営業）

2008年に引っ越してきた夫婦が営むお店。ひっそりと時が止まったかのような店内には、昔懐かしいくらしの道具がひしめいています。

MISAKI DONUTS 三崎本店●神奈川県三浦市三崎3-3-4☎046-895-2410/11時〜17時(土日は10時〜)/火水休

鎌倉と逗子にも店を構えるドーナツ専門店。2階は古民家のよさを生かしたイートインスペース。

ガラスケースには定番に加え、季節のメニューや店舗ごとのオリジナルも。あんドーナツ（205円）、黒糖（174円）ほか。

方位磁石のようなモチーフも発見。1985年に商店街の道をカラー舗装する際、作られたものだそう

ぷらりぷらりと歩いていたら、商店街のタイルにイカリマーク。海辺の町らしいモチーフです。

うらり●神奈川県三浦市三崎5-3-1 ☎ 046-881-6721 / 9時〜17時（日曜7時〜）/ 無休

お土産を買うならココ！ 旬の魚介や野菜などを売る産直センターのほかに、多目的スペースなどを併設。

高梨農園 ●神奈川県三浦市三崎5-3-1 うらり内 ☎ 046-882-3739/ 9時〜17時 / 無休

三浦野菜を生産する農家の直営店。添加物を使わず加工したジャムやピクルスは、鮮やかな自然の色味。

うらり前のウッドデッキに腰掛けて、道中を思い返しながらソフトクリームで休憩。

買ったお土産

手作り無添加ジャム

季節の野菜や果物を加工。人参、レモン各350円。問／高梨農園

バスに乗って三崎口駅へ戻ったら、あとは列車に乗るだけ。ふかふかのクロスシートが眠気を誘う……zzz。

京急発祥の地碑の足元にあしらわれた、線路のような敷石。

川崎大師への参拝客の足が京急のはじまりだそう。

たまには切符もいいかも。三崎口まではお得なフリー切符もあります。

貴重な車両ともたくさん遭遇できました。

大本堂の中に下がっていた川崎大師の提灯。

松屋総本店では、まな板をトントコ鳴らして飴をカット！

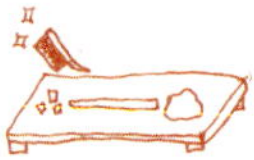

愛嬌たっぷりのだるまが手焼きせんべいに。

Keikyu map

京急MAP

東京から神奈川の端っこまでを結ぶ京急は、鉄道好きが喜ぶポイントをはじめ、観光スポットもたくさん。日常的に利用していると気がつかなかった魅力が、ゆっくり巡ることで見えてきます。

コースガイド

本線の始発である泉岳寺駅から終着駅の三崎口駅まで、ぐーんと横断。
都心から約１時間半で、観光気分が味わえるコースです。

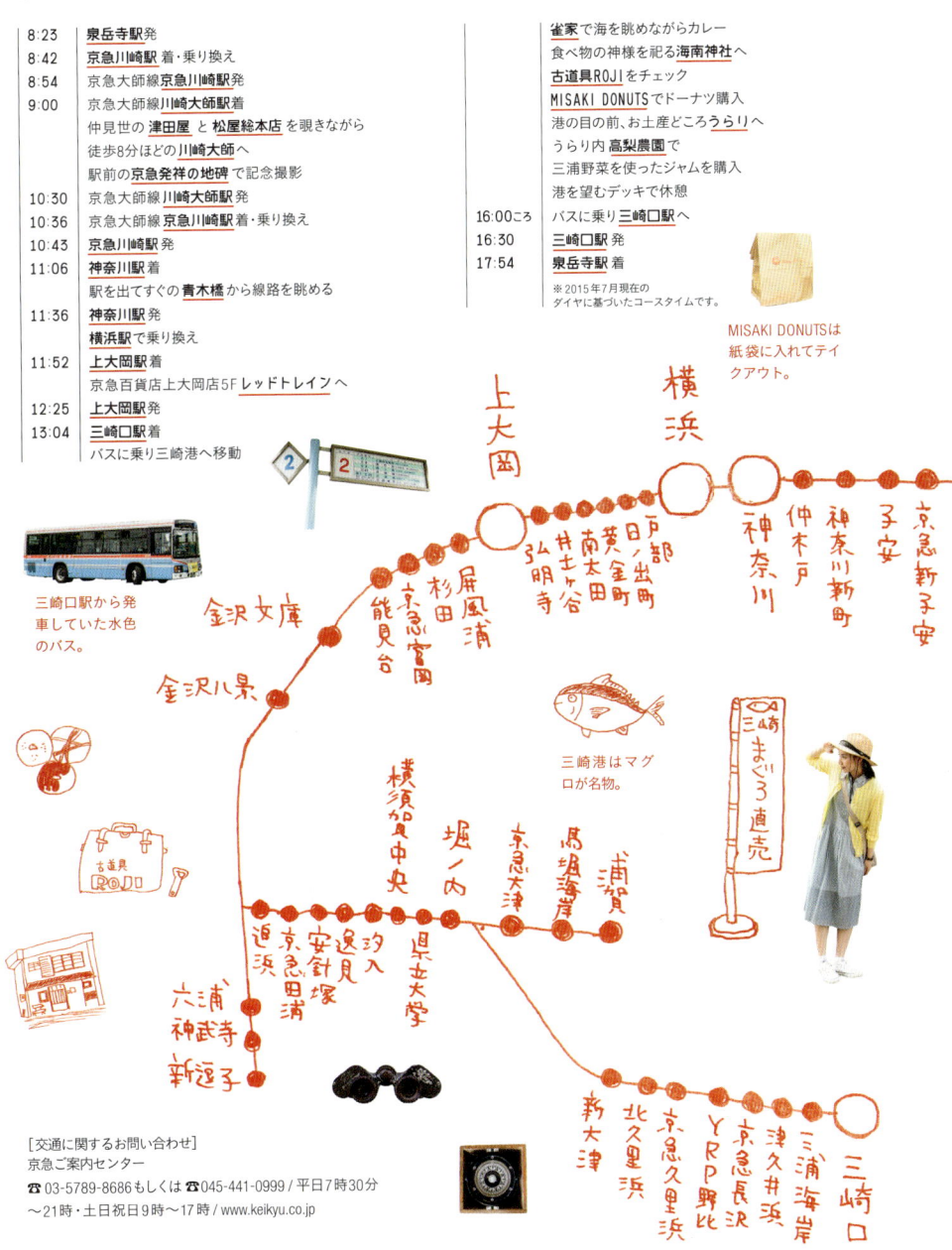

8:23	泉岳寺駅発
8:42	京急川崎駅 着・乗り換え
8:54	京急大師線京急川崎駅発
9:00	京急大師線川崎大師駅着
	仲見世の 津田屋 と 松屋総本店 を覗きながら
	徒歩8分ほどの川崎大師へ
	駅前の京急発祥の地碑 で記念撮影
10:30	京急大師線川崎大師駅発
10:36	京急大師線 京急川崎駅着・乗り換え
10:43	京急川崎駅発
11:06	神奈川駅着
	駅を出てすぐの 青木橋 から線路を眺める
11:36	神奈川駅発
	横浜駅で乗り換え
11:52	上大岡駅着
	京急百貨店上大岡店5F レッドトレインへ
12:25	上大岡駅発
13:04	三崎口駅着
	バスに乗り三崎港へ移動
	雀家で海を眺めながらカレー
	食べ物の神様を祀る海南神社へ
	古道具ROJIをチェック
	MISAKI DONUTSでドーナツ購入
	港の目の前、お土産どころうらりへ
	うらり内 高梨農園で
	三浦野菜を使ったジャムを購入
	港を望むデッキで休憩
16:00ころ	バスに乗り三崎口駅へ
16:30	三崎口駅発
17:54	泉岳寺駅着

※2015年7月現在の
ダイヤに基づいたコースタイムです。

ボリューム満点、雀家のポークカレー。

MISAKI DONUTSは紙袋に入れてテイクアウト。

三崎口駅から発車していた水色のバス。

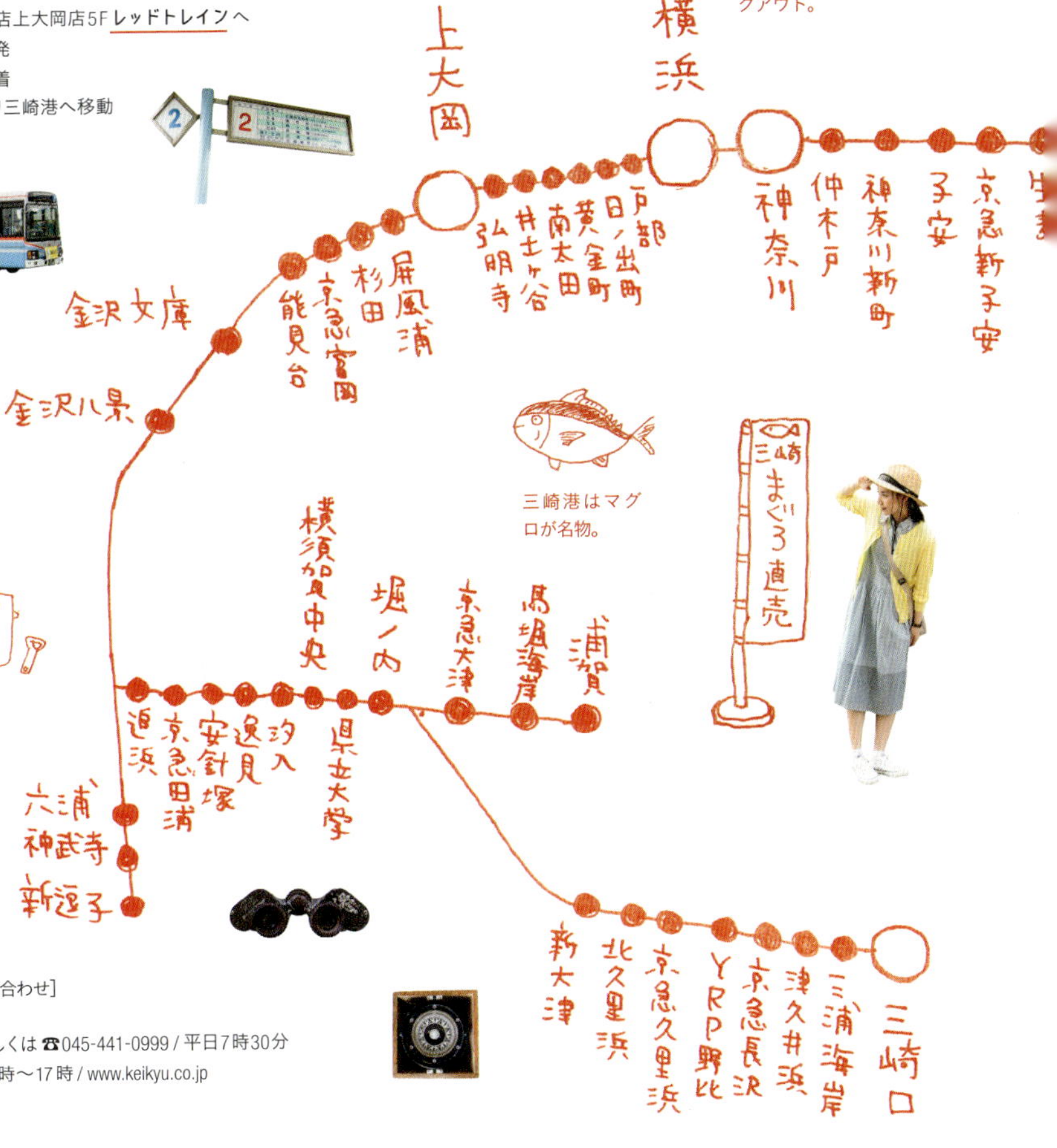

三崎港はマグロが名物。

[交通に関するお問い合わせ]
京急ご案内センター
☎03-5789-8686もしくは☎045-441-0999／平日7時30分～21時・土日祝日9時～17時／www.keikyu.co.jp

コレクションしながら使える

交通系ＩＣカードで行こう。

四国を走ることでん（高松琴平電気鉄道）のＩｒｕＣａ《イルカ》は、わたしが交通系ＩＣカード収集をはじめたきっかけ。古い列車がたくさん走ることから「動く鉄道博物館」とも呼ばれるその駅で、ぷかんと浮いたＩＣカードの設備。名前に惹かれて購入すると、デザインも愛くるしい！これがこの地でしか使えないなんて……。少し寂しく、でも地域限定の不思議な魅力に惹かれたのでした。

交通系ＩＣカードの数だけ、鉄道で全国を巡る目的がある。使命感にも似た想いが、わたしにはあるのです。

鉄道博物館オープン記念 Suica《スイカ》

埼玉県大宮にある鉄道博物館のオープンを記念して、2007年10月14日に発売。「車両の顔が並んだデザインにぐっとくる！」

モノレール Suica《スイカ》

「東京モノレールでしか購入できない、ある意味限定版」。Suicaと同じグリーンで、愛らしいモノレールが描かれています。

© さかざきちはる / JR東日本 / DENTSU

Suica《スイカ》

交通系ICカードの代表的存在。「2001年の発売当初はペンギンが今より渋かった！ これは2011年ごろ買ったもの」

CI-CA《シーカ》

近鉄奈良駅で2014年1月19日に購入。奈良交通のみで使えます。「奈良名物"鹿"と"ICカード"がうまく合った名前ですね」

東京駅開業100周年記念Suica《スイカ》

団体臨時列車・富士の復活運転ツアーに参加して、特典でゲット。「まさか、あんな大人気になるとは驚きました」

交通系ICカード全国相互利用開始記念 Suica《スイカ》

2013年3月、Suicaを含む10の交通系ICカードが全国相互利用できるようになった記念。「どうしても欲しかった1枚です」

IruCa

2015年2月に10周年を迎えた、ことでん専用の交通系ICカード。「子ども用はピンクで、それもかわいいんです」

SAPICA《サピカ》

札幌市営地下鉄を中心に、バスや市電、市内のお店でも使えます。「札幌は他にも交通系ICカードがある、独特な街」

ecomyca《エコマイカ》

富山地方鉄道の関連沿線で使用可能。「稜線のような模様にキュンとします。いろんな車両が走るユニークな沿線です」

※このページで紹介したICカードはすべて本人のコレクションです。

※ Suica は JR 東日本の登録商標です。

大好きな鉄道と
一緒に撮る

鉄道
セルフィー。

鉄道セルフィーをはじめたのは、確か4年前。ホームに珍しい車両が停まっていて、車両と一緒に写真を撮りたい。でも、近くにシャッターを頼めそうな人がいない……！ということからの、自然な流れ。

誰かの目線ではなく、その瞬間の鉄道と自分を自らの手で写真におさめる。ピントはもちろん鉄道優先。回を重ねるごとに、自分のお気に入りポイントがわかってきました。

ホームの端にあるミラー、トンネル内の窓ガラス、艶やかな光沢のある車体。セルフィーを通して見つけた新たな視点。それを探すのも、わたしの鉄道の楽しみ方のひとつです。

撮る前に知りたい10のこと

1 白線（黄色い線）から出ない

転落や接触を避けるため、列車が接近しているときや混雑する時間帯のホームでの撮影は避けましょう。

2 フラッシュをたかない

運転の妨げになる場合もあるので、フラッシュはNGです。自然の光を利用して撮影すること。

3 三脚や脚立を使わない

ホームで撮影する場合は、通行の妨げになる道具は使わないこと。カメラ機材は最小限にしましょう。

4 他の乗客が写らないように配慮する

駅にはさまざまな利用客がいます。自分で楽しむものだから、と考えないで、周囲の人が写らないように。

5 シャッター音は最小限に

デジタルカメラなら音を消す、スマホなら音の出る場所を指でふさぐなど、なるべく音を小さくする工夫を。

6 ホームや列車内を走らない

目当ての鉄道に興奮する気持ちはわかるけれど、ぶつかったり転んだり、走ることはとっても危険です。

7 譲り合う気持ちを大切に

人気の鉄道、とくに真正面にある顔の前では自分以外にも撮影したい人がいるかも。自分さえよければはNG。

8 顔の前で撮る

外せないのは鉄道の顔との2ショット。ホームから転落しないよう、また発車を邪魔しないように撮影して。

9 鏡を利用する

ホームや列車内など、さまざまなところにある鏡越しに撮ってみましょう。背景の写り込みも思い出です。

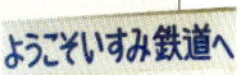

10 文字に注目してみる

歴史ある路線や設備にある文字は、レトロでかわいい！ 見つけたら一緒に撮影&文字単体でも残します。

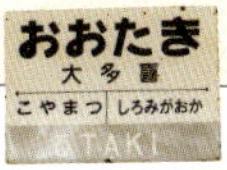

やっぱり顔が好き！

1

2

3

4

5

1＼書籍の撮影で訪れたいすみ鉄道の大原駅で。「大好きなムーミンのヘッドマークを記録に残したくて」2＼千葉を走る山万ユーカリが丘線。「その名にちなみ、フロントにコアラがあしらわれているんです」3＼普通のみ停まる京成高砂駅で、京成電鉄が運行する3500と撮影。4＼JR中央線の新宿駅に、お座敷列車の〈華〉が止まると聞き駆けつけた1枚。「紫にピンクのラインがかわいい」5＼高崎まで甲種鉄道車両輸送中の山手線、新車両を見学に。「スパンと切ったようなシャープな顔」

6

7

8

9

10

6＼2014年12月に伊豆から東京まで乗車したE655系〈なごみ（和）〉と。「お召し列車として使われている車両に乗れて感激」7＼E5系新幹線〈はやぶさ〉は、初めて岩手へ行った日に撮影。「鼻が長いので全部収まりませんでした……」8＼9＼10＼東京駅100周年を記念して、2014年12月にブルートレイン〈富士〉が1回限りの復活運転。乗車するツアーに参加しました。「ヘッドマークだけじゃなく、一番後ろのお尻とも」。顔付近は混雑していたものの、お尻側（写真8）は案外撮りやすかったそう。

文字と一緒に。

11

12

13

11＼下車した印に撮ることが多い駅の看板。「ピントはもちろん看板に合わせます」12＼E655系〈なごみ（和）〉の車内。座席はすべてグリーン車。型式を表す文字も記念のひとつ。13＼ブルートレイン〈富士〉は半個室の2段ベッド。どこに乗ったのか残したくて客席番号と撮影。

鏡に注目してます。

14

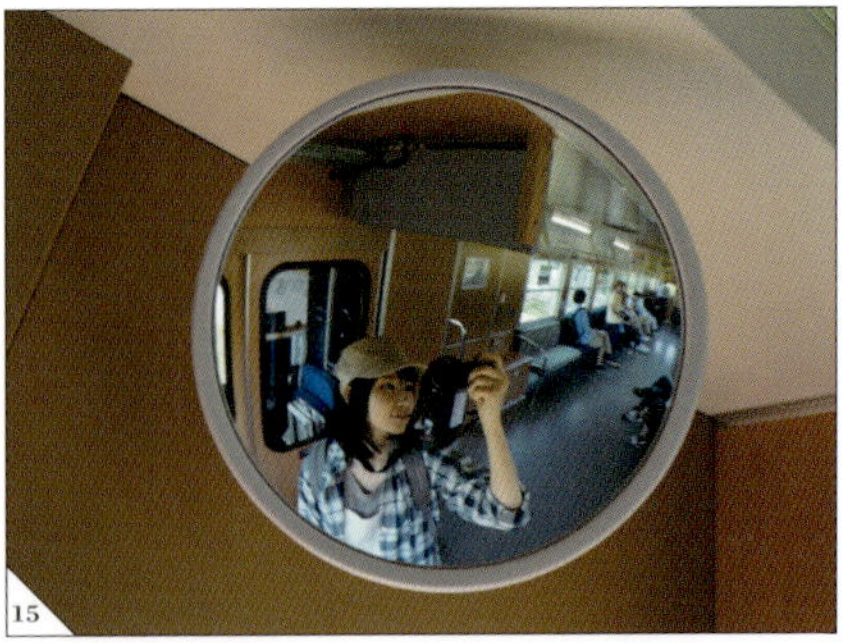
15

14＼いすみ鉄道の大多喜駅くだり側ホームにあった四角いタイプ。鏡の奥には車両基地が。15＼「列車内に大きな鏡がついているのは珍しくて」と、いすみ鉄道の列車内で。

16

17

18

19

20

16＼2011年ごろ、初めて乗った〈サンライズ出雲〉のシャワールーム。「寝台車の中で一番きれいと評判」17＼E655系〈なごみ（和）〉のお手洗いにある鏡。「列車内のすみずみまで高級感がありました」18＼山万ユーカリが丘線のホームにて。「レトロでのんびりした空気を切り取りました」19＼下車した〈なごみ（和）〉を見送る姿をセルフィー。「写り込みの激しい車体は撮り鉄泣かせ」20＼「夜やトンネルの暗闇を利用してガラスに写った自分を撮ります」〈富士〉の半個室で。

列車内はテッパン。

21

22

23

24

25

21＼25＼「E655系〈なごみ（和）〉は座席もリッチでした」。ボックス席は他の乗客が写り込みにくく撮影しやすい。22＼1両編成のいすみ鉄道。「ロングシートは座り心地がよく、きれいなブルーでした」23＼〈富士〉に乗れたことが嬉しくて、人気のない廊下でも記念撮影。24＼こちらは〈富士〉のベッド。「詳しい人になると生地の柄で車両がわかるそうです」

イベントはチャンス！

26

27

28

29

26＼2014年、京急の久里浜車両基地で行われたイベントにて。「大好きな列車が並ぶ姿は圧巻」27＼東京駅100周年記念ツアーでは、線路内に降りられるイベントも。「〈伊豆〉のヘッドマークが顔の横に！」28＼伊豆急のイベントでかぶったロゴ入りヘルメット。「滅多にないチャンスだったので」30＼列車もいいけど線路もね。「普段、なかなか歩けない場所に立ったことの記録です」

LOVE CHARACTERS

沿線の魅力を届けてくれる

鉄道キャラクターが好き。

tetsudo character collections

with KiraKira☆Sea-tan

with Mono-chan

with Keisei Panda

with Keikyun

動物・車両・鉄道で働く人。鉄道キャラクターのモチーフはいろいろ。個性もいろいろ。

なかでもわたしの地元を走る京成電鉄の京成パンダは、クセになる存在。車内のドア注意ステッカーでその存在を知ったとき、あまりの目つきの悪さに思わず連写。すぐにグッズを探して見つけたぬいぐるみは、今でも一番のお気に入りです。

最近では、デザイン性の高さや愛らしさから、非鉄の女性がキーホルダーをぶら下げている、なんてことも。つい応援したくなるし、そんな風景に感動します。

愛すべき鉄道キャラクター。かわいいだけじゃない。鉄道への愛がギュッと詰まっています。

Keikyun

けいきゅん

その顔は、京急新1000形の車両を再現。「鉄道キャラクターの中で、一番車両っぽい。グッズもたくさん持っています」

Rail-kun&Smile-chan

レイルくん & スマイルちゃん

働く人をキャラクター化した西武鉄道。「人間がモチーフって珍しくて、いい意味で目立ちます。制服もリアルですよね」

Suika no Penguin

Suicaのペンギン

JR東日本の交通系ICカードでお馴染み。「白黒で、この愛らしさ！ 初期の渋い感じも好きでした」。グッズや公式ブックも人気。

KiraKira☆Sea-tan

キラキラ☆シーたん

横浜市南部のシーサイドラインが発信。「小さな路線だけどキャラクター展開がスゴい！ グッズが改札前に並ぶ姿は圧巻」

Keisei Panda

京成パンダ

「一度見たら忘れられない強烈なインパクト」なキャラは、京成電鉄の発行するカードから誕生。「仲間がたくさんいます」

Paleo-kun&Palena-chan

パレオくん & パレナちゃん

秩父鉄道を走るSLパレオエクスプレスの公式キャラ。「鉄道より彼らの存在を先に知りました。熊谷まで会いに行きたい」

Mono-chan

モノちゃん

懸垂式の千葉モノレールは、車体からイメージした猿のキャラクター。「しっぽ＝ぶら下がるイメージですね。色もかわいい」

旅のおとも、駅弁考。

土地の魅力をつめこんだ、おいしさの秘密

幼いころ、親と旅行したときに列車で食べたおいしいお弁当。今思うと、あれが駅弁とわたしの出会いなのかもしれません。

10代はとにかく1円でも安く、1分でも多く行動したい！と、旅の食事はコンビニで買ったおにぎりやパンばかり。はやる気持ちを後押しするにはよいかもしれないけれど、何を食べたのか、実はよく覚えていません。

今では味覚も旅の思い出に。地元の誇りを身体に吸収。駅弁を食べることは、車窓を眺めながらひと息つく大切な時間です。

旅は一期一会だと言うけれど、きっと駅弁も同じ。わたしがたまたま通った駅で、たまたま売られていた駅弁。おいしいものに自分が選ばれたような偶然が、幸せな気分にさせてくれます。

その一　駅弁って、どんなもの？

鈴川　そもそも駅弁って、どういうものを指すんですか？

沼本　ずばり鉄道の駅や列車内で売っているお弁当です。地域の名物や料理、旬の食材など工夫を凝らしてひとつの折り箱に詰めた、日本独自の食文化のひとつですね。明治時代から続く駅弁屋さんも多くありますよ。はじまりには諸説ありますが、一般的には1885年、宇都宮で旅館を経営していた主人が、握り飯ふたつとタクアンを竹の皮に包み販売したものと言われています。誕生から2015年で130周年なんですよ。

鈴川　歴史あるものなんですね。現在では全国で何種類ぐらいありますか？

沼本　駅弁業者で組織している日本鉄道構内営業中央会が認定した“駅弁マーク”のついているものだけでも、約2000種類。そのうち500種類ほどは季節の駅弁です。

鈴川　そんなに！　駅弁を食べると鉄道で旅していることを実感できるのでいろいろ試すんですが、どれも冷めてもおいしいのがスゴイな、と。

沼本　ごはんの炊き方ひとつとっても研究されていますからね。多くは最高級のコシヒカリを使います。あとは、うるち米を入れてモッチリ感を出したり、シウマイ弁当が有名な崎陽軒では炊くんじゃなくて蒸気で蒸したり。

鈴川　工夫されていますね。

沼本　それと安全なこと。添加物は控えつつ、傷みにくくするために炊きたてをすぐ真空冷却するなど、いつどこで食べても安心なことが一番！

鈴川　何気なく食べていたけれど、そんな配慮がされていたなんて！　ますます気になる存在になりました。

駅弁の先生

日本鉄道構内営業中央会　沼本忠次さん

鉄道会社勤務後、現在は駅弁の魅力を伝える。著書に『中央線思い出コレクション』。

お気に入りの駅弁です

包み紙には、お弁当箱をイメージした“駅弁マーク”が。

その二

食べる＋αの楽しみ

鈴川　沼本さんは、かなりの駅弁好きと伺いました。

沼本　はい（笑）。食べることも好きだけど、僕はパッケージ収集が趣味で、40年ぐらい集めています。食べたら容器を拭いて日陰干し。パッケージは時代を反映していて興味深いですよ。駅弁を求めて、鉄道に乗るのも楽しい。

鈴川　駅弁が主役の旅ですね。現地の駅弁情報は事前に調べるんですか？

沼本　もちろん！人気のものは電話で予約。作っている日が限られているものもあるから、下調べは絶対にします。調べるなかで、訪れる土地の歴史背景を学べるのもいいところ。たとえば米沢で、1900年から売っている鯉弁当。米沢といえば米沢牛って思いますよね。これは江戸時代、米沢藩藩主の上杉鷹山が、冬のビタミン不足による民衆の不調を改善しようと、鯉を養殖したことで名物となったもの。あとは、日本で最初にサンドウイッチを駅弁にしたのは、自家製ハムを作った大船軒です。

誰かと一緒なら違う駅弁でシェア。分けやすい寿司は、ぜひひとつ。

鈴川　背景を知っていると、選び方や見え方も変わりそうですね。ゆっくり選びたくなります。

沼本　アレコレ悩むのも楽しみのひとつですよ。僕は一度に2つとか3つ、買っちゃうことも（笑）。誰かと一緒なら、シェアするのもいいですね。とくに寿司は同じ味がズラッと入っているから、分けて食べやすい。

鈴川　わたしは源のますのすしが好きなんですけど、ひとりではボリューミー。分け合えば盛りあがるし、おなかもちょうどいいですね。

沼本　あとは、同じメニューでもメーカーによって内容や味付けが違います。たとえば

目移りするのも楽しい。余裕をもって駅にゆきましょう。

駅弁屋 祭では、約2週間ごとに違う駅弁屋ができたてを実演販売。

鯵の押し寿司。大船軒の伝承鯵の押寿しはすべて鯵だけど、東華軒の作る炙り金目鯛と小鯵押寿司は金目鯛と鯵の2種類楽しめて、さらに口直しの紫蘇巻きも入っている。駅弁専門店を覗けば、きっと自分好みのものが見つかりますよ。

鈴川　今日お邪魔した駅弁屋 祭は、全国の駅弁が楽しめるんですね。常にこれだけの種類があるんですか？

沼本　充実するのは昼前。遠方から届くものもあるので、時間帯によってさまざまです。たとえば横川の荻野屋が作る峠の釜飯は、10時半ぐらいにほんのり温かい状態で入荷。津軽惣菜の青森！ やっぱり！ ホタテだべーが並ぶのは18時ぐらいです。ホタテがこれでもかとのっている、ごちそう駅弁ですよ。

鈴川　来るたびに新しい出会いがありそうですね。店内で作っている、できたての駅弁も気になりました。

沼本　格別ですよ。駅弁って旅するときに食べるイメージが強いけれど、普段のランチやお土産に買う人も多い。近頃は栄養バランスに気を配ったものや女性をターゲットにしたもの、ボリュームのある駅弁など、バリエーション豊富。

鈴川　これがお土産だったらテンションがあがります。おうちにいながらにして旅気分。鉄道の映像を観ながら食べてもいいかもしれませんね。

沼本　いいですね〜。旅先でおいしいものを食べたいからと、買ったことがない人もいると思うんです。でもそれはもったいない。駅弁は土地や旬の魅力が詰まった、道中を楽しくしてくれるものだから。

鈴川　鉄道好きとしては注目したい存在です！ 今日はありがとうございました。

個性豊かなパッケージには100年以上のロングセラーも。

その三 鈴川的、一度は食べたい駅弁
—関東編—

ぷりっと立派な煮あなごですね。深川煮は生姜がきいています(鈴)

パッケージは昔の映画に出てきそうな、THE駅弁といった風情(鈴)

東京名物 深川めし

日本レストランエンタプライズ　900円

深川煮と煮あなごが甘辛いタレとともに白飯を覆います。べったら漬けとこなす漬けが口休め。

FUKAGAWAMESHI

口直しのお漬物が入っていると、無性にうれしくなります(鈴)

金目鯛の味くらべ

東華軒　1000円

角煮・唐揚げ・照り焼き。さらに身をほぐしたソボロも添えた、見た目にも賑やかな金目鯛づくし。

NMEDAI

見た目もキレイ。普段はなかなか食べられない金目鯛でプチ贅沢(鈴)

鯛めし

東華軒　830円

TAIMESHI

口の中いっぱいに広がる優しい甘さでロングセラー。おぼろがふんだんにのったごはんが主役です。

自宅ではうまく作れなかったおぼろを心ゆくまで食べられます 鈴

ちくわや佃煮など、ごはんを引き立てつつアクセントになるおかず 鈴

伝承鯵の押寿し

大船軒　1250円

AJINOOSHIZUSHI

鮮度の高い小鯵の中でも希少な身を、あわせ酢で押寿司に。1913年から愛されるロングセラー。

押寿司とガリのみという潔さが、歴史の長さを物語りますね 鈴

さっぱり食べられる味付け。8つも入っているからシェアしやすい 鈴

潮干狩り弁当

万葉軒　880円

SHIOHIGARIBENTO

ごはんの上には、生姜のきいた煮あさりと甘辛いはまぐり。辛子レンコンや煮物など、おかずも豊富。

地元、千葉の有名な駅弁ということで、大学時代に食べた思い出の味 鈴

東京弁当

日本レストランエンタプライズ　1650円

TOKYOBENTO

人形町の魚久、浅草・今半、築地のすし青玉木など、東京の老舗の味がひと折に。東京駅限定。

とにかく贅沢！ 憧れていた幕の内弁当は、値段に見合った味です 鈴

金目鯛西京焼弁当

東華軒　1000円

KINMEDAISAIKYOYAKI

西京味噌で味わい深く焼き上げた金目鯛が目玉。野菜の煮物や錦糸卵など、彩りとバランスを両立。

和食派のわたしにはありがたい内容。小ぶりに見えて、満腹です 鈴

千葉寿司街道 秋刀魚

万葉軒　750円

SANMA

銚子漁港直送の脂ののったサンマを味噌ダレで西京焼にし、おぼろ昆布でぐるりと巻いた寿司。

リアルな笹の葉にテンションUP! ぺろっと食べられます 鈴

煮あさりのボリュームがすごい！ おかずも種類豊富ですね 鈴

「漁り」弁当

万葉軒　1150円

ASARI

生姜をきかせた煮あさりと、その出しで炊いたごはんに箸がすすみます。木更津駅名物。

箱を開けたときの美しさに目を奪われますね。シェアしやすそう 鈴

炙り金目鯛と小鯵押寿司

東華軒　1350円

ABURIKINMEDAI&KOAJI

小鯵と金目鯛、2種類の寿司が5つずつ。梅をきかせた菜っ葉の寿司で、さっぱりお口直し。

[お問合わせ] 駅弁屋 祭 ●東京駅改札内セントラルストリート ☎03-3213-4352 / 5時30分〜23時 / 無休

鉄道グッズを集めてしまうのは、家にいても常に鉄道を感じたいから。なかでもプラレールは物心ついたころから家にあり、遊びながら車両を覚えてきた身近な存在です。見たこともないレイアウトを組んだり、ありえない組み合わせの車両を並走させたり、楽しみ方は無限大。大人になった今でも、わたしをワクワクさせてくれます。

今、一番欲しいのは列車内の扇風機。どこか懐かしい風に吹かれながら、今まで乗った路線を思い出し、新たな旅への想いを馳せる。

新しいものや古いもの、そして思い出も、全部ひっくるめてコレクション。日々、着々と増えています。

愛おしい鉄道グッズ。

方向幕

感謝状とともに京急から頂いたもの。普段はイベントでも売っています。「一番好きな行き先は“金沢文庫”です」

Flag

懐中時計

「京急の運転手さんが運転席で使用する本物の時計です」。秒単位で確認しなければいけないので、今もアナログ。

Pocket Watch

廃品

Plate

車両に付けられるプレート

車両がいつどこで作られたかを表すプレートは、東京メトロのイベントで購入。「わたしの生まれ年のもの」

車両のカーテン

京急からの頂きもの。「スカートにリメイクしようかとも思ったけど、もったいなくて、そのまま保存中です」

Curtain

プラレール

Keiyoline

E233 系京葉線

「ピンクのラインを見ると『地元に帰ってきたな』とホッとする癒しの存在」。車体自体は山手線などでも使われているもの。

Keikyuline

サウンド京急 2100 形

「一番のお気に入り」。本物の車両から収録したドレミファインバーター（VVVF インバーター）の音色を、いつでも楽しめます。

Skyliner

京成スカイライナー AE 形

「地元のスター！」は、在来線で時速160km。「カメラがついていて、決められた区間は走行画像も見られるんですよ」

Tozailine

ライト付東京メトロ東西線 05 系

「混雑の多い鉄道なので、じっくり車体を見られるのもうれしい」。部屋の電気を消してライトをつけて楽しみます。

おもちゃ

Train Shorty

Bトレインショーティー

鉄道車両模型は「2両セットなら1時間で組み立てられる」そう。「ステッカーを貼るときは肩こり注意です」

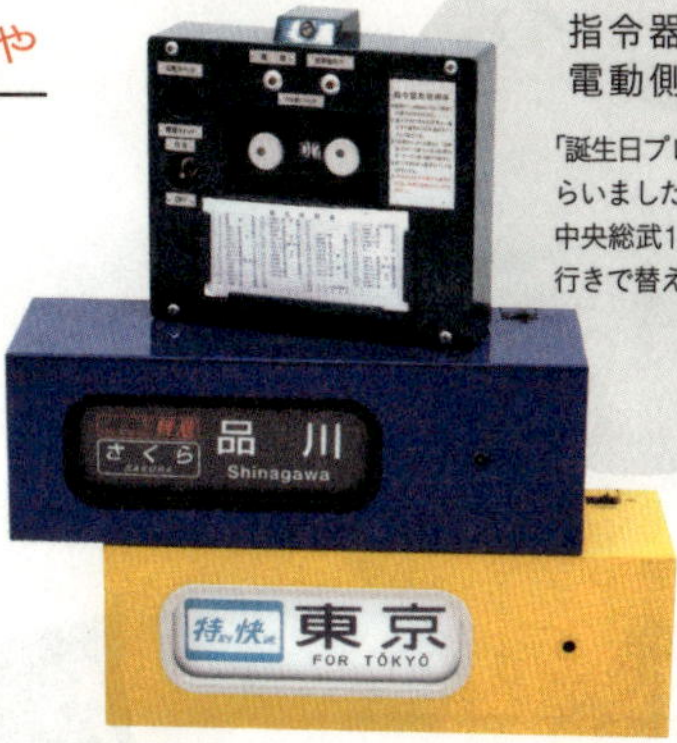

指令器&電動側面方向幕

「誕生日プレゼントに主人からもらいました」。ブルートレインと中央総武103系の方向幕が知れ行きで替えられ、クセになる。

Miniature

ぬいぐるみ

「大好きで集めちゃう。小さな鉄道会社でもぬいぐるみを出していないかチェックします」。キーホルダーはバッグにつけることも。

Character

丸ノ内線Tシャツ

燃える丸ノ内線カラーに背中の文字がインパクト大。「子どもが着るならストレートなアイテムもアリですよね」

Tshirt

子どもグッズ

Socks

鉄下

ドクターイエローにE5系はやぶさ、東京メトロなど収集中。「見た目もかわいいし、息子のはく姿を見ると気分が盛りあがる♡」

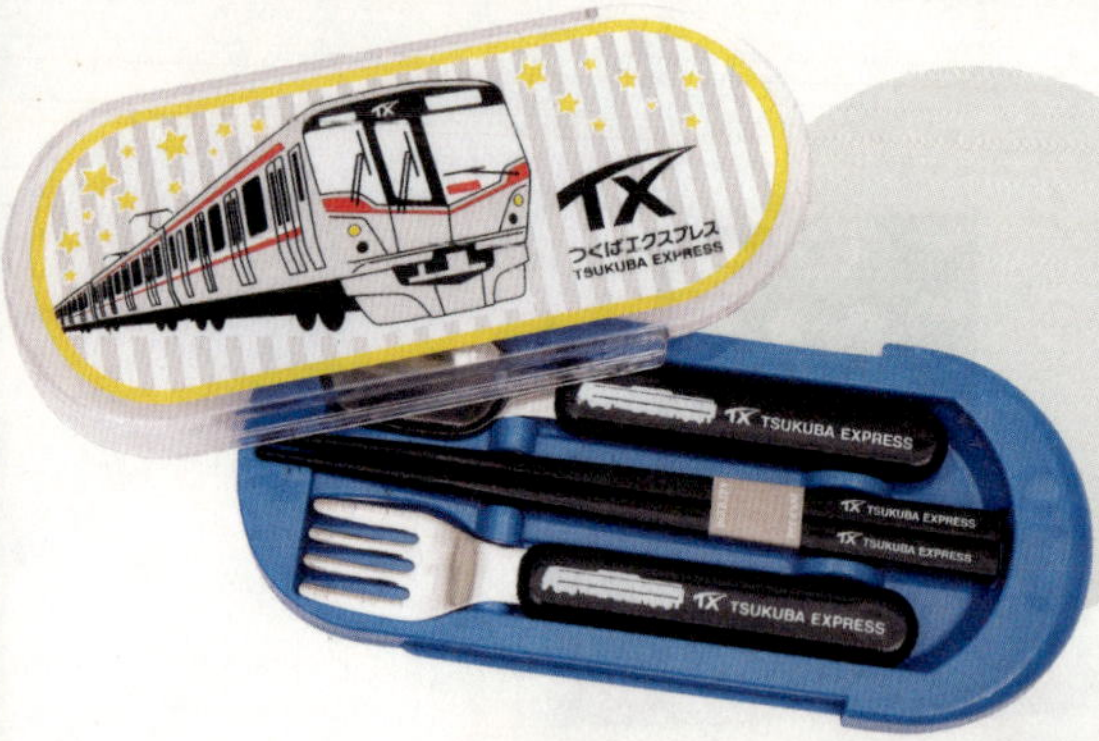

Cutlery

お弁当用カトラリーセット

「息子が大きくなったら使わせたいと思って、大事に保管しています」。保育所のグッズは鉄道関係で揃えたいと目論み中。

つくばエクスプレス

ナップサック

撮影でお邪魔した際に頂いたもの。「シックで大人が使っても違和感なし。コレクションでもバッグは使って楽しみます」

Knapsack

メラミンカップ

京成パンダファミリーがプリントされている、賑やかなアイテム。「割れにくいメラミンなので、息子に使ってもらおうかな」

Cup

Note

けいせいパンダ学習帳

裏面は山本寛斎さんデザインのスカイライナーをプリント。「2冊持っているので、1冊使って1冊は飾りたいと思っています」

京成電鉄

Light

クロッキーライト

京成電気軌道1形という古い車両をモチーフにした、キーホルダーサイズのライト。「クラシックでかっこいいですね」

Bag

いすみ鉄道

車両型バッグ

鉄道の旅用にと購入。「他の会社から譲り受けた車体を蘇らせた、〈キハ52〉がモチーフです。単純に見た目がかわいい！」

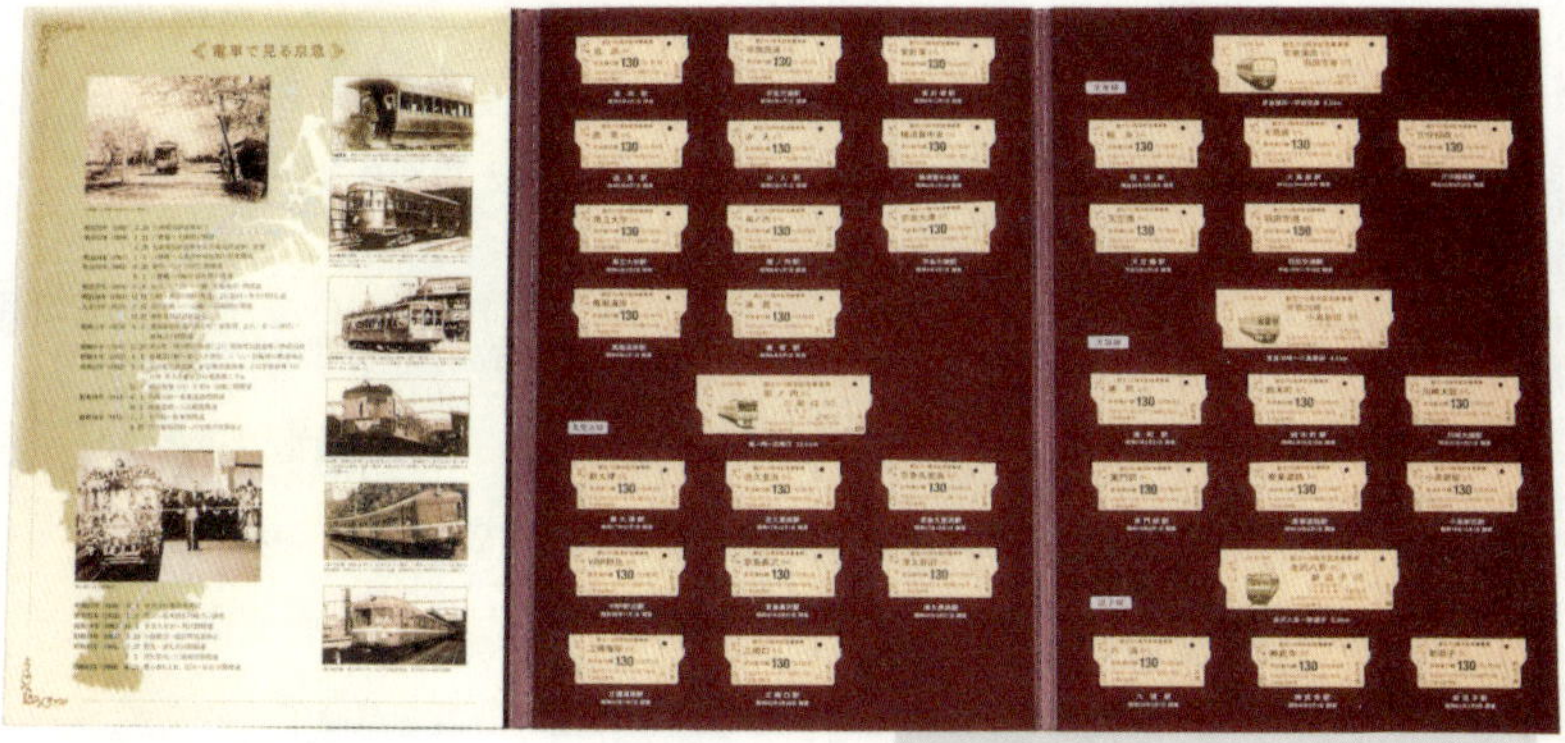

京浜急行電鉄

京浜急行電鉄創立 110周年記念品

2013年に京急から表彰して頂いたときのプレゼント。「実際に使える切符が収められている貴重な品です」

Memorial Ticket

Tote bag

Towel

方向幕タオル

シリーズ化している人気商品。「こちらはver.4 です。箱も含めてデザインされていて、使うのがもったいない！」

2100形トートバッグ

上大岡のレッドトレインで購入。「わたしの好きなドレミファインバーター搭載率の高い2100形が描かれています」

鉄 № 0002

(Train of Thought)

鉄分不足の解消方法

日常的に鉄道へ触れているからか、鉄分が不足していると感じることは、ほとんどありません。でも、なんだかちょっと物足りない。そういうときは、動画を観ることにしています。

家にいながら、気軽に全国を巡ることができる動画。もちろん、そのパワーと感動を肌で感じられる鉄道の旅とは、まったくの別物です。でも、一度きりのその瞬間を何度も繰り返すことができ、わずかな音の変化や車両の特徴に気づくことができるのは、動画ならではの醍醐味です。

動いている鉄道は、停車しているときとは違う表情を見せてくれます。モーター音を唸らせ、ガタゴト、ビューッと走る車両。まるで生き物のような生命力を感じられて、ただひたすら力強く走っている姿が見たいと思うのです。

視聴するたび、パワーを分けてくれる鉄道の動画。少しでも誰かの元気に貢献したいという想いで、わたし自身も動画を撮影しています。

鉄分急行

鉄分入門

TETSUBUN GUIDE

鉄道Q&A

気になる アレコレを
聞いてみました

京浜急行電鉄
飯島 学さん
車掌の経験を活かし、広報として鉄道のことをわかりやすく伝える。

京浜急行電鉄
川田康博さん
長年、車両整備などに携わる、現場の長。車両デザインにも関わる。

飯 飯島さん
川 川田さん
鈴 鈴川

きほん編

Q 「鉄道」と「電車」は何が違うのですか?

A 鉄道とは「レールなどを敷いた専用通路を使い、目的地にお客様と貨物を運ぶもの」。電車とは「電気で走るお客様を乗せる乗り物」です。

飯 子どもたちが「電車!」と呼ぶ乗り物が、実は違う場合も。広い意味では、ロープウェーやケーブルカー、トローリーバスも「鉄道」です。

鈴 なるほど~。確かにロープやケーブルっていう〝レール〟がありますね。

Q 「私鉄」と「JR(国鉄)」は何が違うのですか?

A JR=国内の人とものネットワークを中心に

ので、目立ちませんが重要な仕事です。

鈴 たくさんの人の力で鉄道は動いているんですね。

飯 はい。こんな仕事をしている人がいる、という目線で乗ってみると、今までと違った楽しみ方ができるはずですよ。

Q 「のぼり」「くだり」とは?

A 一般的には終点から起点に向かうのが「のぼり」、起点から終点へが「くだり」です。

飯 東京地区でいえば、東京駅に向けて走る場合を「のぼり」といいます。起点が大阪方であれば、大阪駅に向けて走る場合が「のぼり」です。

鈴 例外はありますか?

飯 たとえば京都と大阪を結ぶ京阪さんや阪急さん。起点は大阪にある淀屋橋と十三だそうですが、京都方面行きを「のぼり」としています。延伸の歴史に関係することがありますので、地方の鉄道を調べてみるとおもしろいですよ。

鈴 京急さんは?

飯 当社は地下鉄に入ると逆になるので、業務上、北行(ほっこう)・南行(なんこう)という表し方をすることがあります。

車両&設備編

Q 車両や内装の色やデザインは、誰がどう考えているのですか?

Q 工場で作られた新しい車両はどうやって運ばれてくるのですか?

A トレーラー運搬や線路上を運ぶなど、車両メーカーによって異なります。

川 京急では2つの車両メーカーさんにお世話になっています。ひとつは横浜の総合車両製作所。金沢八景駅につながっているので、直接自走して運び込みます。もうひとつは神戸にある川崎重工。こちらは線路幅が異なる線路を通過するので、台車をはかせて運びます。

鈴 わたしは車両の運搬されていく姿を見るのが好きで、見学に行くこともあります。

飯 川崎重工から運ばれる、甲種鉄道車両輸送ですね。貨物鉄道事業者が機関車で牽引してくるときは、まだビニールがかかってる新形車両が普段と違う風景を走ってくるので、好きな方にはたまらないと思います。

川 客車も貨物扱いで運んできます。空調が入らないので、夏は暑く冬は寒い。車両メーカーの人は添乗しなければならないので、なかなか過酷だと思います。

鈴 甲種鉄道車両輸送には決められた時間帯ってあるんですか?

川 列車の多い時間は避けて、日中や夜間に輸送されます。余談ですが、車両には向きがあります。到着して向きが逆だと大変! 車両メーカーの中では完成した車両の輸送ルートも考えて製造されているんですよ。

運転されるもので、元は国鉄です。私鉄は主に地域内を結ぶものです。

飯 鉄道のはじまりは1872年の新橋～横浜から。その後、全国を結びました。それとは別で、街を走ったのが私鉄です。京急は歴史としては古いほうで、電気鉄道の中では現存最古といわれているんですよ。

鈴 私鉄は商業施設やテーマパークの周辺を走ったことがはじまりって聞いたことがあります。

飯 そうですね。それぞれの私鉄によって、歴史に違いがあるのもおもしろいですよ。たとえば阪急さんは街の発展とともに発達しましたし、わたしたち京急は川崎大師へお詣りに行く人たちのために作られました。

Q 鉄道を動かすためには、どんな役割の人が必要ですか？

A さまざまなプロが力を合わせて走らせています。

飯 電車を安全に走らせるために、さまざまなプロが責任をもって仕事をしています。駅や列車でいえば、駅係員と乗務員。それから車両を作る人、線路を保守する人、電力に関わる人、信号やポイントなどを見守る通信、駅を作る建築士もいます。他にも駅弁を売る人、掃除をする人、切符などの売り上げを管理する人、僕のようにPRに携わる人間。どれかひとつ欠けてもダメなんです。

川 車両が走る線路を整える仕事は主に夜間作業となる

A 車両メーカーからの提案の他に、鉄道会社からリクエストする場合も。

飯 一度作った車両は、30年近くは使いますから、機能美も大切です。長く使うことを考えられたデザインは優れているなぁと感じますね。

川 たとえば京急の600形は、運転席から連結器が見えづらかった。そこで新しく作った2100形から、車両正面の数字が書かれているところに穴をあけたデザインにして、その隙間から連結器が覗けるようにしました。

鈴 カッコいいだけじゃなく、使う人のことを考えられているんですね！内装は誰が考えているんですか？

川 内装もメーカーさんからの提案の他に、わたしたちから「こうしたい」と伝えることがあります。たとえば、ロングシートの両端にある仕切板についたバー。これは立ったお客様が仕切板にもたれかかることで、座っているお客様が気になってしまうことがある。乗務員やお客様からの声もあって、徐々に改良されてゆきました。

Q ひとつの車両を作るのに、どのくらい期間がかかるのですか？

A 新しい車両を計画～設計するまで、だいたい10ヶ月から1年ぐらいかかります。

Q 車両を一編成作るのに、どれくらいのお金がかかるのですか？

A 8両一編成で、およそ10億円ぐらいかかります。

Q 鉄道会社によって線路の幅は違うのですか？

A 違います。

飯 日本の線路の幅にはいくつか種類があって、ひとつが世界標準の1435㎜。新幹線がこの幅で、京急もこの幅です。ふたつめがJRやJRと直通する私鉄の1067㎜。線路幅が狭いほうがさまざまな費用が安くなるので、日本の鉄道のはじまりは狭く作られたそうです。3つめが特殊狭軌（とくしゅきょうき）。四日市あすなろう鉄道などの762㎜。そして馬車軌間とも呼ばれる1372㎜の線路幅。都電・京王線・函館市電がこれです。

鈴 今回、巡った中で、神奈川駅の青木橋上（P44↓）から眺めたら、線路幅の違いがよくわかりました。

飯 新しい車両を運ぶために仮台車をはかせるという意味も、わかるでしょう。ちなみに、中途半端な数字なのは、ヤード・ポンド法で作られているからです。

Q ホームの幅（広さ）は決められているのですか？

A 工地の条件や利用状況によって決められています。

飯 街の発展や歴史的背景、利用状況を考えてホームの幅は決められているんです。京急の中でも新しい羽田空港国際線ターミナル駅は、とても広いホーム幅。これは、国際線の乗り入れで利用する方が増えること。そして、お客様の多くが大きな荷物を持って移動されることを配慮して、歩きやすく安全な広いホームにしました。

Q ダイヤが乱れたときは、どうするのですか？

A 運行のプロが"運転整理"を行い、正常のダイヤに戻します。

飯 わたしたちにとって大切なことのひとつは、決められたダイヤで動くこと。少しでも遅れたら何万人ものお客様の足に支障が出ますし、予定していた車両が運転できないこともあります。座席指定の特急がある鉄道なら大変ですね。

鈴 だからちょっとの遅れでも、車内アナウンスがあるんですね。

飯 はい。ダイヤの戻し方にはいくつかあって、ひとつが電車をすべて止めて、一気に再開する方法。もうひとつが途中駅で折り返し運転をする。それから、電車の間隔調整をすることも。時間帯や駅の設備、お客様の数に応じて、エキスパートが対策を練ります。

鈴 いかにお客様に影響を与えないかが腕の見せどころですね！

Q 電車についている記号は何を表しているのですか？

A 車両の種類や運行場所などを示します。

飯 国鉄が昔決めたルールにのっとって、JRや一部の私鉄では〈クハ〉や〈キハ〉など、どんな車両か示すカタカナの記号が入っていることが多いです。京急の場合は数字のみですが、それでもルールがあって、たとえば地下鉄に入るのは1000番台の車両などと決めています。

川 最近では独自の形式や記号を使って、地域性などを強調しているところもありますね。

鈴 知っていると、乗るときにどんな車両かわかっ

好きというだけでは厳しい世界だと思います。

鈴 理想と現実のバランスをとりながら働くことが大切ですね。

Q 運転士になるために、どんな訓練をしているのですか？

A 駅員や車掌として経験をつみ、国家資格の動力車操縦者運転免許を取得します。

飯 鉄道の運転免許証が取れる養成所は、国から指定を受けた各鉄道の施設。つまり、鉄道会社に所属しなければ免許証は取得できません。学科4ヶ月、技能5ヶ月の、合計9ヶ月ぐらい学びます。

鈴 免許証は、どの鉄道会社も共通のものですか？

飯 はい。ただ車と違うのは、どこの鉄道会社の運転士かということが免許証に記されるんです。実際には線路ごとに訓練しなければ運転できません。

Q 運転士さんは一日、どれぐらい運転するのですか？

A ひとりあたりの平均乗務距離は、1日180kmです。

［京浜急行電鉄 平日1日あたりの列車走行距離］
普通＝14070km
エアポート急行＝9256km
特急＝6360km
快特・京急ウィング号＝12167km
回送ほか（不定期列車除く）＝1981km

るよう、待機する乗務員がおります。

Q 運転士さんが運転室に持って入るバッグには何が入っているのですか？

A 運転にまつわるルールが書いてある『運転取扱実施基準』をはじめ、必要なものを携帯しています。

［バッグに入っているもの］
運転規則書（運転取扱実施基準・電車運転士作業基準）／列車運行図表／乗務員手帳／懐中時計／列車種別札／列車編成両数札／鍵類／出庫準備カード／入庫取扱いカード／木栓（万が一、配管に穴があいたときに塞ぐ小さな木の栓）／窓用クリーナ液＆雑巾など

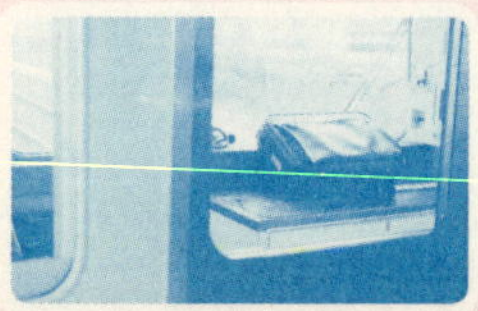

Q 運転士さんはなぜ手袋をはめるのですか？

A 事故を未然に防ぐためです。

飯 素手よりケガをしにくいですから。たとえば、ドアに手を挟まれても、手袋をすることで抜けやすいなどメリットもあります。

鈴 あの真っ白の手元で指差し確認をする姿が凛々しくて。

飯 気持ちも引き締まりますね。凛として見えるし、信頼の証になるんじゃないでしょうか。

ちょっと気になる疑問編

Q 線路にものを落とした場合の正しい対処法を

て楽しいですよね。

［記号が示していること］

ク＝制御車（運転室のある車両のこと。「く」っつくが由来）

モ＝電動車（モーターの付いている車両。モーターの「モ」）

サ＝付随車（モーターも運転室もない車両。編成の中に「さ」し込むが語源）

キ＝気動車（エンジンで走行する車両。ディーゼルカーのこと）

ロ＝グリーン車（イロハニホヘトの「ロ」）

ハ＝普通車（イロハニホヘトの「ハ」）

ネ＝寝台車（寝るの「ネ」。ちなみに「ロネ」＝A寝台車。料金が高く豪華な個室の場合も、「ハネ」＝B寝台車。2段ベッドや小さな個室で、料金が安い場合が多い）

シ＝食堂車（食堂車の「シ」）

働く人たちへの疑問編

Q 鉄道業界で働いている方はみんな鉄道が好きでこの世界に入ったのですか？

A 人それぞれです。

川 わたしは好きで入ったけど、鉄道業界で働いている＝鉄とは言い切れません。技術や専門性を生かしたいと入社する人も多い。

飯 僕も好きで入ったけれど、実際は大変なことも。どんな仕事もそうですが、

●合計＝43836km

Q 運転していて、かぶりつきのお客さんは気になりますか？

A 運転に支障がない限りは気になりません。

飯 運転士に聞きましたところ、『お客様の命を預かって一分一秒を真剣に運転していますので、かぶりつきのお客様が気になるということはございません』とのことです。僕が車掌時代に運転士だった先輩から聞いた話ですが、初めての運転で金沢文庫駅から出発したときに、ハンドルが重い（列車が重い）と感じたそうです。それは実際に加速が悪かったわけではなく、人命を預かっているという責任の大きさから「重い」と感じたと。運転士はみんな一生懸命。ですので、運転席近くでカメラのフラッシュをたいたり窓を叩いたり、運転に支障の出る行為はおやめくださいね。

Q 運転士さんが運転中に具合が悪くなったらどうするのですか？

A 具合が悪くならないよう体調管理を徹底しています。

飯 たとえば急病など、どうしても、という場合は代替ということもあります。

鈴 それぞれの駅に代わりとなる運転士さんが待機しているんですか？

飯 すべてではないですが、所定の駅で交代でき

教えてください！

A 線路に降りず、必ず駅の係員に声をかけてください。

飯 大切なものを落とされて焦る気持ちはわかりますが、自分で拾うのは絶対にやめてください。係員が安全習得器を使うか、安全を確認した上でホームに降るなど、対応させていただきます。

鈴 落ちた人を助けようとした方のこともニュースになっていましたよね。

飯 人命救助はすばらしい行為ですが、ご自身の安全を確保することも大切です。見かけられたらまずは電車を止めるボタンを押していただいて、係員を呼んでください。

Q いわゆる「ラッシュ」というのは何時〜何時くらいのことを指すのですか？

A だいたい7〜9時です。

飯 駅によって異なるので実は決まっていないんですよ。勤務先や学校など、ご自身の目的地によって混雑する時間帯は変わります。

鈴 始業時間にあわせて時間をよむと、混雑が避けられそうですね。

飯 その通り！ ただ、我々は、なるべく混雑が集中しないよう調整して運行しています。皆さんに気持ちよく利用していただきたいですからね。

1&2．力強く走っている車輪が目の前にあるなんて。非日常の光景が目の前に広がり興奮！ 3.連結器が下から見られるというのも、滅多にないこと。シャッターを押す手にも力が入ります。

1 車両の下に潜ってみた

車両管理区のピットは3本。スムーズに点検・整備するため、敷かれたレールの下には広いスペースが設けられています。

ヘルメットを装着して、いざ！「潜るのは初めて」

細かなメンテナンスをされているんですね

行ってみた

Let's go keikyu syaryokanriku!

泉岳寺から三崎口まで、京浜急行電鉄で旅した日から数日後、やってきたのは車両管理区。車両を点検・整備したり洗ったり、あらゆる検査・管理をする安全な運転に欠かせない場所です。

中に入り目に飛び込んできたのはイエローハッピートレインの姿（カラーでお見せできなくて残念！）。外からはもちろん、下に潜ったり中に入ったり上から見たり。夢中で見学しました。

2 運転席に乗ってみた

憧れの運転席にも潜入！新1000形は運転席から連結器が見えやすいよう、“1000”の文字部分が透かしになっているそうです。「確かによく見えます！」

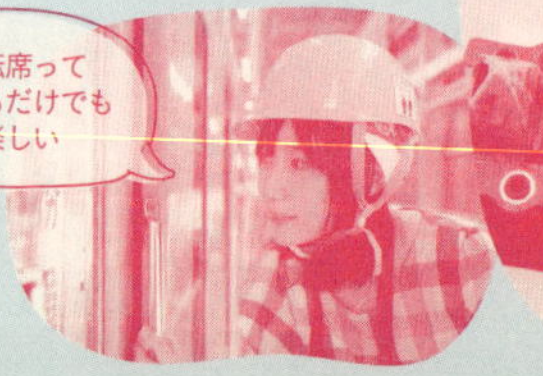
運転席って眺めるだけでも楽しい

3 車両をひとり占めしてみた

次は車内へ。ロングシートとクロスシートが組み合わさった車両です。見慣れた風景のはずなのに、自分以外に誰も乗っていないって不思議な気分。

京急・車両管理区へ

京急久里浜駅近くにある、京浜急行電鉄の車両を検査・管理する施設。今回は特別に、その中を見学させていただきました！

4

洗車中の車内に潜入してみた

車両は3日に1度、洗います。車両洗浄機を通ったら、窓や車内は掃除専門スタッフが丁寧に手作業。気持ちよく乗れるのも、こういった仕事のおかげなんですね。

4

ブラシを追いかけてみます！

5

4.轟音をたてブラシがまわる様子を車内から激写！5.ゆっくり進みながら車両洗浄機を通過してゆきます。

5

車両の行き先を決めてみた

以前は方向幕が主流でしたが、今やデジタル表示が一般的。鈴川さんも設定にチャレンジ！世界でひとつだけの行き先を作らせていただきました。

たくさんの専門家が働いているんです

入力はタッチパネルなんですね

6

車両を上から眺めてみた

階段を昇り、車両を見下ろせる場所へ。目の前にはパンタグラフ！架線に注意しなければならない至近距離で見下ろすなんて、他ではできません。

オリジナルの行き先！感激です

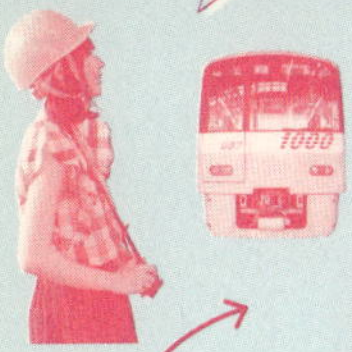

こんな近くで上から見られるなんて

7

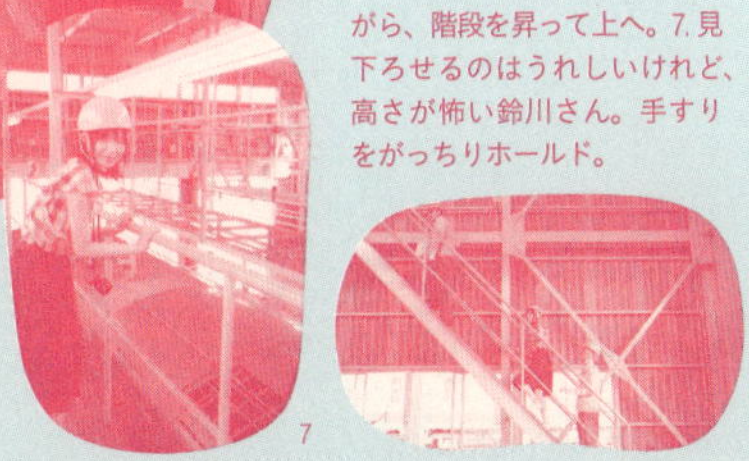

6

6.カンカンと足音を響かせながら、階段を昇って上へ。7.見下ろせるのはうれしいけれど、高さが怖い鈴川さん。手すりをがっちりホールド。

知ってうれしい見て楽しい

鉄道用語辞典

あ－お

開かずの踏切【あかずのふみきり】ピーク時の遮断時間が40分/h以上となる踏切。急いでいるときに遭遇すると、非常にヤキモキする。

足回り【あしまわり】主に車両下部の台車のこと。

インバータ【いんばーた】電子回路を用いて、直流を交流に変換する装置のこと。「VVVF（ヴイヴイヴイエフ／スリーブイエフ）インバータ」「静止インバータ」など、最近の鉄道車両にとって、なくてはならない存在。

ウヤ【うや】運休のこと。熱狂的な鉄道ファンは「休む」という意味で、日常生活でも使用する

運転士【うんてんし】電車や機関車、気動車などの列車を運転する人のこと。乗務につく場合は、乗務区（または列車区、電車区）に出勤する。

運転間隔【うんてんかんかく】先行列車と後続列車との時間的な間隔のこと。混雑緩和のため、列車と列車の間隔を調整。区間駅の停車時間、列車の速度、減速性能、運転速度、列車の長さ、信号の機能などを総合的に見て決められる。

駅メロ【えきめろ】駅の発車メロディのこと。到着時に流れることもある。地元ならではのメロディもあれば、続けて聞くと1曲の歌になるものも。「発メロ（はつめろ）」ともいう。

駅弁【えきべん】鉄道の駅構内や列車内で販売される弁当をいう。1885年に日本鉄道の宇都宮駅で販売したことが最初とされる。鈴川絢子の好きな駅弁は、富山・源の「ますのすし」である。

大回り乗車【おおまわりじょうしゃ】大都市近郊区間の特例や交通系ICカード乗車券使用時の運賃計算方法を利用して、目的地の駅まで遠回りして行くこと。

お召列車【おめしれっしゃ】天皇皇后両陛下、皇太子殿下がご利用される列車のこと。

か－こ

かぶりつき【かぶりつき】運転室の後ろで前面展望を楽しむこと。人目を気にしつつ、さりげなく楽しむ大人のかぶりつきも。列車の一番後ろで後方の景色を眺めることを「逆かぶりつき」という。

カマ【かま】機関車のこと。蒸気機関車の釜を見立てた呼び方といわれている。

架線【がせん（かせん）】電車の動力となる電力が流れている線のこと。一般的な読み方は「かせん」だが、作業現場では「仮線・下線」と区別するために「がせん」と発音されることが多い

幹線【かんせん】鉄道網で中心となる線区のこと。JRでは東海道線・山陽線・東北線・北陸線・鹿児島線・津軽海峡線など。

汽車【きしゃ】列車の俗称。かつての列車が蒸気機関車の牽引だったことが起源になっている。現在は電気列車やディーゼル列車になっているので、「列車」というのが正解。

［きしゃ］

軌間【きかん】線路の幅（レールの幅）のこと。世界的な標準幅は1435㎜。

軌道【きどう】鉄道の線路のうち、路面にある構造物を総称したもののこと。

気動車【きどうしゃ】1910年ごろ、客車の片隅に小型ボイラーを搭載して蒸気動力を補う蒸気動車が開発され、大阪市近郊などの小運転に使用された。そのため、後に生まれたガソリン機関などを搭載した内燃動車なども含めて、車種としては「気動車」に分類する。現在はディーゼル車が「気動車」と呼ばれる。

記念乗車券【きねんじょうしゃけん】開業周年や開設周年などを記念して発売される乗車券のこと。デザインに工夫されているものが多く、集めるのも楽しみのひとつ。

客室【きゃくしつ】客の乗る車両のこと。用途や構造で分類される。用途別には皇室用・特急用・一般用・リゾート用など。ちなみに一般用で朝夕の通勤列車に専用するものと、そのほかの列車に使用されるものとでは、定員や座席数などに違いがある。

くだり列車【くだりれっしゃ】一般的に、東京の反対方向に向かう列車のこと。列車番号は奇数。

くるま【くるま】車両のこと。運転士や車掌などの鉄道業界人や、熱狂的な鉄道好きが使う言葉。

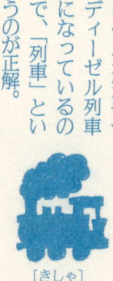

グリーン車【ぐりーんしゃ】鉄道創業当初は上・中・下等車の3等級あったが、その後1・2・3等に呼び方が変わった。さらに戦後、1等がなくなって2等になり、1969年の等級廃止で従来の2等車を「普通車」に、1等車を「グリーン車」と呼び方が変わった。海外では1・2等級としている鉄道が多い。

クロスシート【くろすしーと】線路方向と直角に配置されている旅客車の座席のこと。乗車時間の長い特急列車などに採用されている。「ボックスシート」とも呼ぶ。

検査線【けんさせん】車両の検査を行うための線路。

広軌鉄道【こうきてつどう】軌間が世界的な標準幅の1435㎜より広い鉄道のこと。代表的なものではインド・アルゼンチン・チリの1676㎜、スペイン・ポルトガルの1668㎜、オーストラリア・アイルランドの1600㎜、ロシア・フィンランド・モンゴルの1524㎜などがある。

硬券【こうけん】硬い厚紙で作られた乗車券のこと。鈴川絢子の名刺は硬券仕様だ。

甲種鉄道車両輸送【こうしゅてつどうしゃりょうゆそう】JR・私鉄・輸出の車両などを輸送する貨物列車のこと。鉄道車両を車両工場から発注元の鉄道会社まで届けることをいい、鉄道ファンの間では「甲種」と略すこともある。鈴川絢子もたびたび甲種輸送を楽しんでいる。

交通系ICカード【こうつうけいあいしーかーど】鉄道をはじめとする公共交通機関で運賃として利用できるカードのこと。電子マネー機能を備えたものが多い。

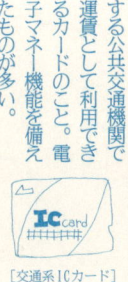

［交通系ICカード］

国鉄色【こくてつしょく／こくてついろ】国鉄が採用した塗装のこと。特急色や気動車色、交直流電車色などが存在し、たとえば「国鉄特急色」といえば、一般的にクリーム色と赤のツートンカラーのことを指す。

さ－そ

座席車【ざせきしゃ】座席をもつ客車で、全室に座席が配置された中央通路の開放形と、片側通路の区分室構成になっているコンパート形などがある。ヨーロッパではコンパート形が多く採用されたが、最近は定員の多くなる開放形が増えている。

試運転【しうんてん】新造車や検査後の車両の具合を調べるために、試験的に運転すること。

時刻表【じこくひょう】運行時間を表す表のこと。JTB時刻表派とJR時刻表派で好みが分かれる

支線【しせん】①幹線の途中、または終点から枝分かれした路線のこと。②主要幹線の輸送力増強のために作られた別路線や、主要幹線のルート変更によって残った従来のルートのこと。

島式ホーム【しましきほーむ】上下の線路の内側に設けられるホームのこと。「相対式ホーム」に比べて用地幅が少なく建設費が安く、客がホームを間違えることがないというメリットがある。一方、駅の前後で線路に反向曲線ができる、列車が同時発着するときに混雑する、地平駅では客が必ず一線を渡らなければならない、拡張が困難などのデメリットも。

車掌【しゃしょう】列車の長として、列車の運転や車内の秩序維持などに携わり、運転士とともに安全運行を行う乗務員。自動ドアの開閉と安全確認、案内放送による乗客へのサービスなどのほかに、非常時における対応対処も。

車両基地【しゃりょうきち】鉄道車両の留置、列車編成の組み換え、整備・清掃・検査・修繕などを行う施設のこと。日本最初の車両基地は、1872年の鉄道創業時に機関車の基地になった、新橋機関庫と横浜機関庫だった。

10時打ち【じゅうじうち】寝台列車や特別列車などの競争率が高い列車で、JRで乗車1ヶ月前の朝10時から切符が販売されるタイミングに合わせ、みどりの窓口で10時きっかりに打ってもらうこと。

重連【じゅうれん】ひとつの列車を2両の機関車で牽引すること。

食堂車【しょくどうしゃ】食事する部屋と厨房室で構成される車両。日本最初の食堂車は1899年。戦前には最初の冷房装置がつけられた。かつては特急列車と主な急行列車に連結されていたが、列車のスピードアップなどにより連結する車両が大幅に減っている。

寝台車【しんだいしゃ】寝台をもつ客車。開放タイプとコンパートタイプ、個室タイプなどがあり、個室も1人用、2人用、4人用な

どがある。日本最初の寝台車は１９００年にはじまり、最盛期には多くの夜行列車に連結されていたが、最近では新幹線の延伸、航空機の発展、夜行高速バスの普及、そして生活水準の向上などにより、利用が大幅に減少。残念ながらラストランを迎えるものも多い。

スーパーライナー【すーぱーらいなー】貨物列車で最高速度１１０km/hの特急コンテナ列車のこと。

青春18きっぷ【せいしゅんじゅうはちきっぷ】日本全国のＪＲの普通列車に乗り放題の切符。1枚で1日有効、5回分。１１８５０円（２０１５年7月現在）。青春18きっぷを使い旅する人を「18キッパー（じゅうはちきっぱー）」ともいう。

静態保存【せいたいほぞん】機械類が本来の用途としての動作・運用が可能とは限らない状態で保存されていること。《反対語》「動態保存」

相互直通運転【そうごちょくつううんてん】都心や副都心への旅客輸送需要に応えるため、複数の鉄道会社間で相手の路線に電車を直通運転すること。

相対式ホーム【そうたいしきほーむ】上下の線路を挟んで設けられるホームのこと。「島式ホーム」に比べて建設費が増えるなどのデメリットはあるものの、線路を渡る必要がない、片側のホームは線を渡る必要がない、列車の同時発着でも混雑しにくい、拡張がしやすい、駅前後の線形がよくなるなどのメリットも。

たーと

ダイヤ【だいや】「ダイヤグラム（列車運行図表）」の略で、列車が何時にどこを走るのかを記した図面のこと。縦軸は駅名、横軸は時刻を表す。「ダイヤが乱れた」というのは、列車の運行が乱れたことを指す。

ダイヤ改正【だいやかいせい】鉄道会社が列車の運行時刻を変更すること。ＪＲでは年1回程度、大きな改正を行う。

単線【たんせん】1本の線路だけが敷設された路線、または路線区間。のぼり列車もくだり列車も、1本の線路を走行する。単線で行われる運転形態を「単線運転」という。《反対語》「複線」

地下鉄【ちかてつ】道路と平面交差しない、地下を路線とする鉄道のこと。世界最初の地下鉄は、ロンドンの東西の鉄道終着駅を地下トンネルで結び、１８６３年に開業したファリントン〜パディントン間6㎞。電気動力がないため、蒸気機関車牽引により運行。燃料にコークス（石炭を蒸し焼きした燃料）を使用し、駅には排気口が設けられた。

ツイン寝台車【ついんしんだいしゃ】2人用個室となっているＪＲのＢ寝台車のこと。上下2段で下段ベッドは分割して収納するとソファになる。Ｂ寝台車より料金は若干割高。

鉄道記念日【てつどうきねんび】10月14日。１８７２年10月14日に、当時の新橋駅と横浜駅を結んだ日本の鉄道創業を記念した日である。１９９４年から「鉄道の日」となり、鉄道にちなんだイベントが開催されている。

鉄下【てつした】鉄道の車両が描かれた靴下。子鉄のマストアイテム。鈴川絢子の愛息子も愛用している。

鉄分【てつぶん】鉄道への情熱の度合いを表す鉄用語。《使用例》「鉄分が濃い」「鉄分を補給する」

［てつぶん］

動態保存【どうたいほぞん】機械類が本来の用途としての動作・運用が可能な状態で保存されていること。最近では、動かないものの動画や音源を活用して動態保存のように演出する「デジタル動態保存」という手法もある。《反対語》「静態保存」

ドクターイエロー【どくたーいえろー】東海道新幹線の総合試験車のニックネーム。黄色い車体から、子どもたちや鉄道ファンに人気。

ドレミファインバータ【どれみふぁいんばーた】電車が加速するときに、モーターから音階を奏でるように♪ファソラシドレミファソー♪と聞こえる制御装置のこと。京急２１００形やＪＲＥ５０１形が有名だが、現在は京急の新１０００形のみ。鈴川絢子が愛してやまない音でもある。

なーの

長物車【ながものしゃ】レールなど長尺の貨物を運ぶ車長の長い平床貨車のこと。

入場券【にゅうじょうけん】プラットホームなどの駅構内に入ることのできる切符のこと。

寝過ごす【ねすごす】眠ってしまい、目的の駅で降りのがすこと。長い路線で寝過ごすと、かなり慌てる。

のぼり列車【のぼりれっしゃ】一般的に、東京方向に向かう列車のこと。列車番号は偶数。

は－ほ

パンタグラフ【ぱんたぐらふ】電気車両が電車線路から電気を取り入れる装置で、屋根の上に搭載される。略して「パンタ」と表すことも。

反転フラップ式案内表示機【はんてんふらっぷしきあんないひょうじき】駅や空港などで、乗り物の行先や種別などを案内するためのパタパタと回転する表示板のこと。通称「パタパタ」。

秘境駅【ひきょうえき】山奥や原野など、人里離れた場所に所在する鉄道駅を指した、鉄道ファンによる呼称。

ひかり【ひかり】１６９４年10月の東海道新幹線の開業で、東京～新大阪間を走った特別急行列車。営業列車の最高速度が２００km/hの大台を超えたのは世界の鉄道史において初めて。最初の１年あまりは同区間を４時間運転としていたが、翌年11月には３時間10分で運転するように。

VVVFインバータ【ぶいぶいぶいえふ／すりーぶいえふいんばーた】可変電圧可変周波数（Variable Voltage Variable Frequency）の頭文字をとったもの。制動エネルギーも熱にして捨てずに電力として回生し、再利用する省エネルギー型の電車。車体の軽量化と相まって、従来車に比べ約40～50％のエネルギーが節約でき、乗り心地を損なわず加速度や平均速度がアップした。

複線【ふくせん】のぼり・くだり別に設けた2本の線路をいう。単線に比べて輸送力が数倍あるだけでなく、列車のスピードアップの効率が大きい。《反対語》「単線」

普通列車【ふつうれっしゃ】原則として、各駅に停車する旅客列車のこと。

フリーきっぷ【ふりーきっぷ】あらかじめ指定された軌間の区間内であれば、何回でも乗車できる切符のこと。「フリー乗車券」「１日乗車券」などの呼び方も。通常は単一の全社線にのみ有効だが、複数にわたるものもあり、鉄道のほかにバス・遊覧船・ロープウェー・ケーブルカーなどを組み合わせたものも。

ブルートレイン【ぶるーとれいん】固定編成特急寝台列車の相性。１９５８年に誕生した20系客車の車体を青く塗ったことから、その後も受け継がれている。元祖は南アフリカ鉄道のプレトリアとケープタウンを結ぶ１６０８kmを運行している"ブルートレイン"（１９３８年誕生）。広い個室が多く、現在、世界的に最も豪華な旅客鉄道といわれている。

［ぶるーとれいん］

分岐器・クロッシング【ぶんきき・くろっしんぐ】ひとつの線路をふたつの方向に分ける設備を「分岐器」、ふたつの線路が同一平面で交差するのを「クロッシング」という。

ヘッドマーク【へっどまーく】特急列車などの最前位につけられる標識のこと。最初のヘッドマークは国鉄時代の大阪鉄道管理局のアイデアで、１９５０年に東京～大阪間の特急列車〈つばめ〉〈はと〉牽引のＣ６２形式機関車に取り付けられたとされる。

ポイント【ぽいんと】分岐器の進路を転換する部分。現場用語で分岐器そのものをいうことも。

ホームドア【ほーむどあ】プラットホーム上の線路側の縁端部に沿って、客の転落などを防止するために設置された設備のこと。フルスクリーンタイプの「ホームドア」、腰ぐらいの高さの「可動式ホーム柵」があるが、これらを総称して「ホームドア」としている。

方向幕【ほうこうまく】列車の行き先や列車名などを、幕を回すようにして表示する装置。行先や種別を示す板状の表示板は「サボ」ともいう。

ボックスシート【ぼっくすしーと】向かい合わせで座ることのできる「固定クロスシート」の通称。

ま－も

まくら木【まくらぎ】レールを強

は
ま

固に固定し、左右のレールの軌間を正確に保ち、レールが受けた荷重を道床（どうしょう）に広く伝える。材質により「木まくら木」「鉄まくら木」「PCまくら木」「組み合わせまくら木」「合成まくら木」などがある。

間引き運転【まびきうんてん】事故復旧後のダイヤ回復などのために、列車回数を減らして行う運転のこと。

モノレール【ものれーる】道路との平面交差を避けて、高架の1本の軌道桁上をゴムタイヤか鋼製の車輪によって走行する鉄道のこと。

や－よ

山がわ【やまがわ】列車または車両の左右を指すときに、内陸側表す現場用語。反対側は「海がわ」。

行き違い【ゆきちがい】同一路線を反対方向に走っている2本の列車が、互いに行き違うこと。単線での行き違いは「交換」ともいわれ、交換駅（行き違い駅）または信号場が必要。

指差し喚呼【ゆびさしかんこ】運転士などが行う、信号などを指で差し、口に出して確認を確実にする動作のこと。「指差喚呼（しさかんこ）」とも。何もしない場合に比べて誤りが3分の1程度になるという研究結果もある。

抑速ブレーキ【よくそくぶれーき】主に、下り勾配のきつい山間部を走る車両に設置されている電気ブレーキ。通常のブレーキは列車が停車するまでブレーキ力を発生させるが、抑速ブレーキは運転士が抑速ブレーキを投入すると、あらかじめ設定された速度まで落とした後、その速度を保つためのブレーキ力を発生させることで、設定速度を維持するようになっている。これにより、くだり勾配でも列車・車両を一定速度に保ったまま走行させることができる。

ら－ろ

ラストラン【らすとらん】長期間運用された車両が用途廃止となる際に実施される運転のこと。「お別れ運転」「サヨナラ運転」などと呼ばれることも。最近では、北陸新幹線の開業前日となる2015年3月13日に〈サンダーバード〉や〈はくたか〉など県内の北陸線を走ってきたJR特急がすべてラストランを迎えた。

［らすとらん］

ラッチ【らっち】改札柵や改札口のこと。《使用例》ラッチ内、ラッチ外

旅客列車【りょきゃくれっしゃ／りょかくれっしゃ】人を運ぶ列車のこと。種類によって、客車列車・電車列車・気動車列車（ディーゼル動車）に分類され、それぞれ特別急行・急行・快速・普通・回走などへさらに分類される。

ループ線【るーぷせん】高低差の大きい区間で、勾配率をゆるくするために迂回するルートのこと。

レール【れーる】車両の重量を支えてまくら木に分散するとともに、車輪に円滑な走行面を与え、車両を案内する棒状の鋼鉄材。

路面鉄道【ろめんてつどう】原則として専用の用地を持たず、道路に軌道を敷き、一般の交通とともに走る鉄道のこと。ほとんどが電車運転としているため、「路面電車」または「市街電車」とも呼ぶ。路面電車は視認運転により信号機がないため、最高速度は40km/hと遅く、単線または2両編成。車両は約12mが一般的。

ロングシート【ろんぐしーと】進行方向と並行に配置された座席のこと。

わ－ん

ワンマン運転【わんまんうんてん】旅客列車の運転には運転士と車掌が乗務するが、これをひとりの乗務で運転することをいう。路面電車では一般的だが、一般の鉄道では関東鉄道竜ヶ崎線で導入されて以降、全国のローカル線を中心に拡大された。最近では、ホームドアとATOなどの導入にあわせて、地下道の他、つくばエクスプレスなどでも導入されている。

引用・参考文献／『鉄道用語辞典』久保田 博著（グランプリ出版）

鉄道好きを17に分類

あなたは何鉄？

ひと口に「鉄」といっても、さまざまあるのです。

音鉄【おとてつ】

発車や列車の接近を知らせるメロディ、車両チャイムなど、音を耳にすることが喜び。鈴川絢子もこれ。収録までする場合は「録り鉄」と呼ぶ。

乗り鉄【のりてつ】

列車に乗ることが好きな人。なかには途中下車して駅周辺を楽しむ「降り鉄」も。すべての路線・駅で乗車することを「完乗（かんじょう）」という。

撮り鉄【とりてつ】

鉄道写真を撮ることを趣味にしている人。その機材のスゴさやレベルの高さから、なかにはプロ顔負けな人も。よい写真を求めて、どこまでも行く。

顔鉄【かおてつ】

車両の正面（顔）を見たり撮ったりすることが好きな人。鉄道と一緒に自撮り（セルフィー）を楽しむ「自撮り鉄」に多く見られる。

食い鉄【くいてつ】

駅弁やホームの立ち食い蕎麦など、食べることや食べ比べを楽しみとする鉄道ファン。食を中心に、旅のプランをたてる強者もいる。

子鉄【こてつ】

鉄道が大好きな子どものこと。「チビ鉄」ともいう。小鉄に影響された母親が「ママ鉄」になる場合も。親子揃って鉄道好きは「親子鉄」。

鉄子【てつこ／じょしてつ】

女性の鉄道ファン全般を表す言葉。「鉄子」は菊池直恵氏作の鉄道漫画『鉄子の旅』からきたという説もある。

時刻表鉄【じこくひょうてつ】

鉄道時刻表や運行管理用のダイヤを愛好し、分析して楽しむ。時刻表を見てルートの妄想を膨らませているなら「妄想鉄」。

ショートカット鉄【しょーとかっとてつ】

目的地まで、いかに早く行けるかを追求する鉄道ファンのこと。鉄道に乗ることが趣味の「乗り鉄」の中に含まれる。

貨物鉄【かもつてつ】

とくに貨物鉄道を趣味の対象にしている人のこと。派生して、貨物駅や貨物線、機関車のほか、コンテナなどを守備範囲にする人もいる。

収集鉄【しゅうしゅうてつ】

廃品や鉄道会社のオリジナルグッズ、おもちゃなど、あらゆる鉄道グッズを集めることを生きがいとする人のこと。

デコ鉄【でこてつ】

身近なものに鉄道をデコレーションして楽しむ人。鈴川絢子も自身のスマホケースに鉄道模型のBトレインショーティーをデコレーションしている。

模型鉄【もけいてつ】

本物の鉄道だけでなく、鉄道模型を作ることや鑑賞することに楽しみを見出す人。さらに発展して街にまで凝り出す「ジオラマ鉄」も。

押し鉄【おしてつ】

駅にあるスタンプを押して巡ることが好きな人。旅する「取集鉄」。目立たないところに置かれている場合もあるため、注意深く行動する。

描き鉄【かきてつ】

鉄道関係の絵を描くことが好きな鉄道ファン。架空の電車を妄想して描くことも。繊細なスケッチから鉄道関連の漫画まで、ジャンルは幅広い。

寝鉄【ねてつ】

列車の車内で寝ることが好きな人。駅で眠るひと時を楽しみにする場合も。乗り過ごしてしまったり、駅係員へ迷惑をかけないようにしよう。

隠れ鉄【かくれてつ】

周囲には言っていないけれど、実は鉄道が好きな人。普段は鉄道ファンではない「非鉄（ひてつ）」を装っている場合も。ぜひ、カミングアウトを。

ALL★STAR
ALL★STAR

おわりに

鉄道は乗り物であり、ひとつのエンターテインメント。少し意識を変えてみるだけで、一人ひとりオリジナルの楽しみ方が、きっと見つかるはず。まずは、自分がいつも使っている路線を端から端まで乗ってみたり、普段通り過ぎるだけの駅に一度降りてみたりしてみてください。日常の中にこそ、新たな発見と素敵な出会いが待っている気がします。

わたしの初めての本作りを心強く支えてくださった井澤さん、ニイミさん、デザイナー三宅さん。素敵に変身させてくださったスタイリスト福岡さん、ヘアメイクのＲＹＯＫ・ｉさん。鉄分多めな写真を撮ってくださったフォトグラファー吉岡さん、上原さん。撮影にご協力いただいた皆さま。帯にとても心打たれる言葉をくださった、くるりの岸田さん。そして、この本を手に取ってくださった皆さまに、心から感謝いたします。本当にありがとうございます。こうしてたくさんの方々と出会い、大好きな鉄道への想い・繋がりを本に残すことができたのも、すべて鉄道のおかげ。またいつか、どこかの線路の上でお会い出来る日を心待ちに、今日もわたしは旅に出ます。

鉄分多め。

関東編

2015年7月27日　初版発行

著者　鈴川絢子

発行人　森山裕之

編集　ニイミユカ

アートディレクション&デザイン　三宅理子

撮影　上原朋也、吉岡真理

スタイリング　福岡邦子(Kili office)

ヘア&メイク　RYOKi

構成　七野浩史

アドバイザー　井上篤、加藤司

応援　七野常陸

企画・進行　井澤元清

衣装協力　THE NORTH FACE 3(MARCH)、Marimekko(ルック ブティック事業部)

発行　ヨシモトブックス
〒160-0022 東京都新宿区新宿5-18-21
電話 03-3209-8291

発売　株式会社ワニブックス
〒150-0022 東京都渋谷区恵比寿4-4-9えびす大黒ビル
電話 03-5449-2711

印刷・製本　株式会社光邦

ISBN978-4-8470-9360-9　C0076